山西古村镇系列丛书

宋彦 薛林平 谢凌 于丽萍 王力恒

中国建筑工业出版社

图书在版编目(CIP)数据

大阳泉古村／薛林平等著．—北京：中国建筑工业出版社，2010
（山西古村镇系列丛书）
ISBN 978-7-112-11972-1

Ⅰ.大… Ⅱ.薛… Ⅲ.乡村-古建筑-简介-阳泉市 Ⅳ.K928.71

中国版本图书馆CIP数据核字（2010）第053997号

责任编辑：费海玲
责任设计：肖　剑
责任校对：赵　颖

山西古村镇系列丛书
山西省建设厅组织编写
大阳泉古村
薛林平　谢凌　宋彦　于丽萍　王力恒　著
*
中国建筑工业出版社出版、发行（北京西郊百万庄）
各地新华书店、建筑书店经销
北京方舟正佳图文设计有限公司制版
北京中科印刷有限公司印刷
*
开本：787×960毫米　1/16　印张：13　字数：312千字
2010年6月第一版　2010年6月第一次印刷
定价：55.00元
ISBN 978-7-112-11972-1
(19235)

《山西古村镇系列丛书》

主　编：王国正　李锦生

副主编：张　海　薛明耀　于丽萍

《大阳泉古村》

著　者：薛林平　谢　凌　宋　彦

于丽萍　王力恒

丛书总序

我曾多次到过山西，这里丰富的历史遗存和深厚的人文底蕴，令人赞叹，给人的印象非常深刻。山西省建设厅张海同志请我为《山西古村镇系列丛书》作个序，在这里我就历史文化遗产和古村镇保护等有关问题谈一些粗浅的想法。

国际经济社会发展的经验证明，一个国家城镇化水平达到30%以后，城镇化进程不断加快，随之出现城市建设的高潮；人均生产总值达到1000～3000美元时，进入经济发展的黄金期，也是多种矛盾的爆发期，这个时期不仅可能引发各种社会矛盾，还会出现许多问题。我国城镇化水平2003年就已经超过了40%，人均生产总值2006年已经超过了2000美元，国民经济快速发展，城镇化进程不断加速；在城市建设日新月异的发展中，中央又审时度势提出了“两个趋势”的科学判断，作出了加强小城镇和新农村建设的决策。过去，我国城市的大批建筑遗存，正是在大搞城市建设中遭到毁灭性破坏。现在，我国农村许多建筑遗产，能否在小城镇和新农村建设中有效保护，正面临着严峻考验。处理好小城镇和新农村建设与古村镇保护的关系，保护祖先留下的非常宝贵、不可再生的文化遗产，是历史赋予我们义不容辞的责任。

对于建筑历史文化遗产的保护，人们的观念不断创新、思路逐步调整、方法正在改进，从注重官府建筑、宗教建筑的保护，向关注平民建筑保护的转变；从注重单体建筑的保护，向关注连同建筑周边环境保护的转变；尤其是近年来，特别关注古村镇的保护。因为，古村镇是区域文化的“细胞”，是一个各种历史文化的综合载体，不仅拥有表现地域、历史和民族风情的民居建筑、街区格局、历史环境、传统风貌等物质文化遗产，还附着居住者的衣食起居、劳动生产、宗教礼仪、民间艺术等非物质文化遗产。我国现存有大量的古村镇，其历史文化价值和社会经济价值都是巨大的，按照英格兰的统计方法，古村镇的价值应占到GDP的30%以上。然而，认识到这一点的人并不多，甚至有人认为古村镇、古建筑是社会发展的绊脚石，这种观点对于文化的传承和社会的进步都是极为不利的。在快速推进的城乡建设浪潮中，我们所面临的最大问题就是，大批历史古迹被毁坏，大批古村镇被过度改造，使中华民族的历史文化遗产严重损坏。在这个时候提出古村镇的保护，实际上是一项带有抢救性的工作。

2008年1月1日开始实施的《城乡规划法》，突出强调了保护历史文化遗产的重要性；2008年4月又颁布了《历史文化名城名镇名村保护条例》。历史文化名城保护工作已开展近30年，历史文化名镇名村保护工作也已启动，现在大家基本达成共识，保护有价值的古村镇，其实就是“保护文化遗产，弘扬优秀的传统文化……保持民族性，体现时代性”。但是，当前全国历史文化村镇保护的形势仍然不容乐观，保护工作极不平衡，一些地方还未认识到整体保护历史文化村镇的重要性，忽视了周边环境风貌和尚未列入文物保护单位的优秀民居的保护，制定和完善保护历史文化村镇规划的任务还十分艰巨；一些地区片面追求经济效益，对历史文化村镇进行无限度、无规划的盲目开发；一些地方擅自改变国有文物保护单位的管理体制，交给企业经营管理。

作为华夏文明的发祥地之一，山西有着丰厚的文化积淀和历史遗存，不仅有数量众多的古建筑，还保存有大量的古村镇。由于山西历史悠久、民族聚居、文化融合、地形差异等多因素影响，再加之较为发达的古代经济，建造了大量反映农耕文明时代、各具特色的古村镇。这些古村镇，一是分布在山西中部汾河流域，以平遥古城为中心，以晋商经济为支撑，体现晋商文化特色；二是分布在晋城境内沁河流域，以阳城县的皇城、润城为中心，以冶炼工业及商贸流通为支撑，体现晋东南文化特色；三是分布在吕梁山区黄河沿岸，以临县碛口古镇为中心，以古代商贸流通、商品集散为支撑，体现晋西北黄土高原文化；四是沿山西省内外长城，在重要边关隘口，以留存了防御性村堡，体现边塞风情和边关文化，在山西统称为“三河一关”古村镇。这些朴实生动和极富文化内涵的古村镇，是人类生存聚落的延续，是中国传统建筑的精髓；保存有完整的古街区、大量的古建筑，体现着先人在村镇选址、街区规划、院落布局、建筑构造、装饰技巧等方面的高超水平；真实地反映了农耕文明时代的乡村经济和社会生活，凝聚了劳动人民的智慧，沉淀了中华民族的优秀文化，传承了丰富的历史信息；具有浓郁的地方特色和很高的研究价值，是人类共同的文化遗产和宝贵财富。

山西省建设厅一直对古村镇及其文化遗产的保护非常重视，从2005年开始，对全省的古村镇进行了系统普查，根据普查的初步成果，编辑出版了《山西古村镇》一书；同年，主办了“中国古村镇保护与发展碛口国际研讨会”，并通过了《碛口宣言》。报请省政府下发了《关于历史文化名镇名村保护工作的意见》，并分两批公布了71个“山西省历史文化名镇名村”，其中18处已经成为“中国历史文化名镇名村”。为大部分古村镇制定了科学的保护规划，开展了多层次的保护工作，逐步形成了科学、合理、有效的保护机制。为了不断提高人们的保护意识，他们又组织编写了《山西古村镇系列丛书》，本系列丛书撷取山西有代表性的古村镇，翔实地介绍了其历史文化、选址格局、建筑特色、非物质文化遗产，内容较为丰富。为了完成书稿的写作，课题组多次到现场调查，在村落中居住生活了相当一段时间，积累了大量第一手资料。通过细致的测绘图纸和生动的实物照片，可以看到他们极大的工作热情和辛勤劳动。这套丛书不仅是对古村镇保护工作的反映，更有助于不断增强全社会的文化遗产保护意识。让我们以此为契机，妥善处理保护与发展的关系，做到科学保护、有效传承、永续利用历史文化遗产，不断开创历史文化名镇名村保护工作的新局面。

是为序。

住房和城乡建设部　副部长

目　录

C　O　N　T

E N T S

CONTENTS

【第一章】

历史文化

LISHI WENHUA

一、大阳泉古村历史沿革

1.大阳泉古村概况

大阳泉是山西省阳泉市郊区所属的一个行政村，村庄形成距今已有一千多年的历史，位于阳泉市区西南部的城乡结合处（图1－1）[1]。古村现有集体土地总面积25.5万平方米，农业户口村民2675人，常驻人口一万余（2008年大阳泉村提供数据）。大阳泉村落具有以阳泉街为主轴、八条支巷为骨架的完整外部空间，村落选址、布局以传统风水为依据，集中体现了中国古人对传统的人居环境的理解和营造。村中建筑遗产以清代商号宅院为主，保存相对完整（图1－2，图1－3）。2008年，该村被列为山西省第三批省级历史文化名村。

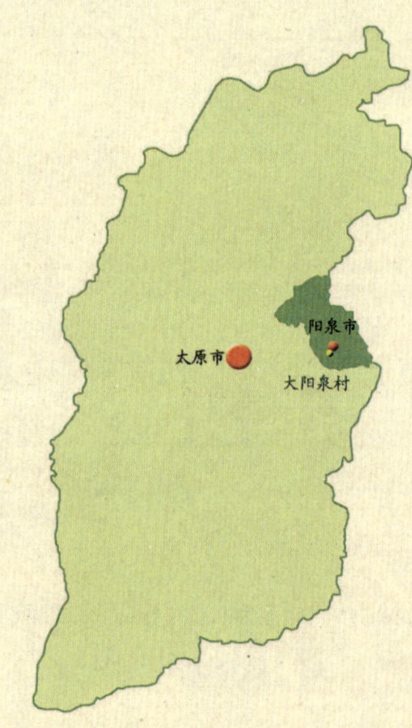

图1－1 大阳泉村区位图

2.大阳泉村名探究

“阳泉”名称的来源有两种说法。一种称阳泉原指大阳泉村，因位于阳坡且多泉眼而得名。另一种说法则称取自“漾泉”谐音。清乾隆五十五年（1790年）刊的《平定州志》载：“阳泉有五：一在郜南涧中，俗名饮马坑；一在郜西野子沟，皆夏秋有水，冬春则涸；一在郜北寺沟，相去丈余，水盈盈常不涸；一在张氏山庄问渠亭右侧，深广丈余，石甃为池，土人常祷雨于此；或曰今郜中上港井亦泉也，今有石槽尚存，后填以巨

---

1 阳泉位于山西东部，宋、元、明、清、民国时期为平定州（县）所辖的区域，享有优越的地理区位和军事战略地位，被称之“三晋门户”、“晋冀要冲”。近代时，因其丰富的矿产资源和发端较早的近代工业而得到很大发展，民国36年（1947年），阳泉镇及附近的三个村由平定县划出，设立阳泉市。阳泉市被誉为“煤铁构建的城市”、“火车拉来的城市”。全市现辖城区、郊区、矿区三区和平定县、盂县两县。

图1-2 大阳泉村历史遗产分布图

图1-3 大阳泉村鸟瞰[2]

2 大阳泉村村委会提供

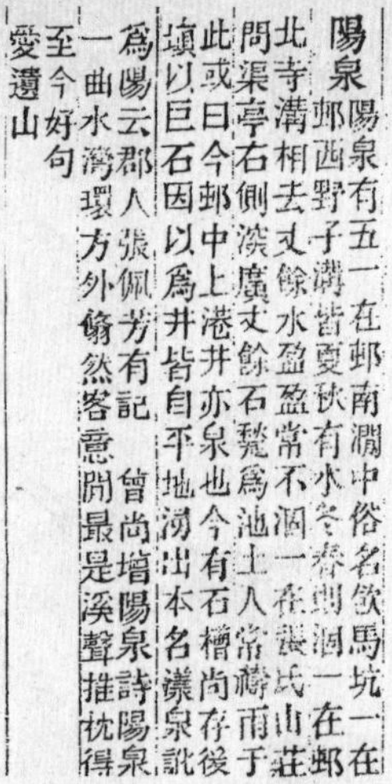

陽泉 陽泉有五一在郵南澗中俗名飲馬坑一在郵西野子溝皆夏秋有水冬春則涸一在郵北寺溝相去丈餘水盈盈常不涸一在張氏山莊問渠亭右側深廣丈餘石甃為池土人常禱雨于此或曰今郵中上港井亦泉也今有石槽尚存後壙以巨石因以為井皆自平地湧出本名漾泉訛為陽云郡人張佩芳有記 曾尚增陽泉詩陽泉一曲水灣環方外翛然客意閒最是溪聲推枕得至今好句愛遺山

图1–4 乾隆版《平定州志》上有关阳泉的记载

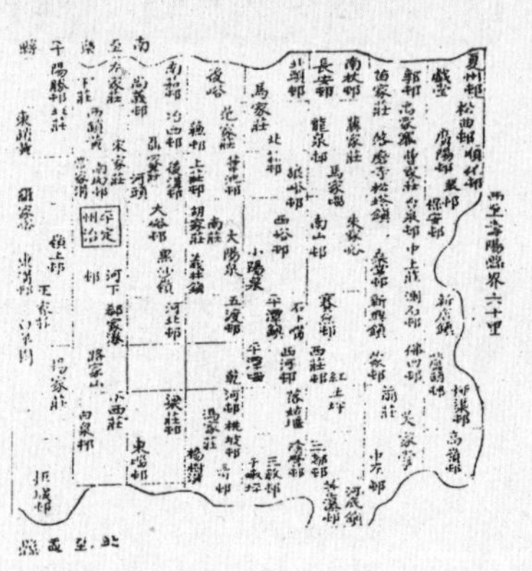

图1–5 乾隆版《平定州志》上的大阳泉和小阳泉

石。因以为井皆自平地涌出。”[3]（图1–4）并在文中解释：“本名漾泉，讹为阳泉。”文中寺沟、上港都是大阳泉村的地名，可见文中所指的“邨”即大阳泉村。民间也有阳泉一名最早源自大阳泉村的传说。有关“阳泉”的文字记载最早见于赵怀允于金大定丙午（1186年）撰写的《重修灵瞻王庙碑》记载，“庙属阳泉里，里中大姓范氏……”自宋到明中叶，四百年来，大阳泉一直被称作阳泉村，明嘉靖二年（1523年）《蒲台山告文碑记》[4]记载，“择日祭告，补栽石台之上。是日天气晴明，告毕旋归，甫至阳泉，时雨即降，遍于境内。群槁复苏，夏秋大熟，实神之惠”，依旧采用“阳泉”，可见此时还没有分村。明万历三十年（1602年）《琼瑶山关帝祠碑记》[5]中记载，“阴碑上有大阳泉、小阳泉、西峪、南庄村名”。可见此时已有大小阳泉之分。清光绪八年（1882年）刊《平定州志》中，对清代时期平定州的区划体制作了详尽的描述，“《管子》方六里命之曰暴，五暴命之曰部，五部命之曰聚，聚有市；五聚命之曰乡，四乡命之曰都。自汉以后名聚曰村。至元则改里为图，其实一而已。”[6]在“州”条目上记载：“属升中者二：曰义羊，曰赛兴……义羊都十四村：大阳泉……赛兴都二十六村：小阳泉”。自此，“大阳泉”、“小阳泉”村分别列入“义羊都”和“赛兴都”两个不同的都里中（图1–5）。清光绪三十一年（1905年）修筑正太铁路时将沙江口定名为“阳泉站”，该村被正名为“大阳泉”，并沿用至今。

---

3 《平定州志》卷三舆地山川篇阳泉条目，清乾隆五十五年（1790年）刊。

4 碑文记载，“维嘉靖二年岁次癸未四月壬申朔四月日乙亥”，即1523年。

5 碑文记载，“明万历三十年重修关帝庙”，明万历三十年即1602年。

6 《平定州志》卷二舆地·都村。

3.大阳泉村发展

碑文中记载西槐为村中姚氏先人于宅基地中所栽。林业部门检测确定西槐的树龄已超过千年。无独有偶，大阳泉村中，超过千年的槐树还有东槐和龙头槐（图1–6）。槐树作为传统树种，通常种于房前屋后。如此推断，大阳泉村在唐代已有人定居。

金代大阳泉村已发展形成村落。金代文坛领袖元好问曾留居大阳泉村，并留有《阳泉西谷》、《挽冯节付》等诗篇。《阳泉西谷》写到：“方外复方外，翛然心迹清。开窗纳山影，推枕得溪声。山路远谁到，石田平可耕。霜林不嫌客，留看锦峥嵘。”[7]由“石田平可耕”可推断，金代大阳泉村居民众多，周边都已被开垦为田地。

明清时期是大阳泉村又一个重要的发展时期。

地处华北平原和汾河平原连接处的大阳泉村地处交通要道，是官商进出的关隘要地。交通的畅通为大阳泉带来了先进的思想，同时也带来了蓬勃的商机。明代大阳泉依靠周边发达的冶铁业及铁货经营，商业逐渐繁荣，出现了不少较大的商号。它与小阳泉及周边村落相互促进，文化、手工业等日趋完善。至清代，村落的经济文化愈加发达，此时正值晋商的鼎盛时期，大阳泉村人凭着诚实为本、艰苦创业的精神，蓬勃发展，创造了以魁盛号为代表的十几家商号。它们的分号、商行、店铺、货资更是拓展至全国各地，大阳泉村声名远扬。大阳泉还是平定州首屈一指的文明村庄，一直十分重视文化教育，村里建有公义学堂，生员、举人、进士大量涌现。

图1–6 村中的龙头槐

7 两首诗均见《平定州志》卷十三艺文诗条目，清光绪八年（1882年）刊。

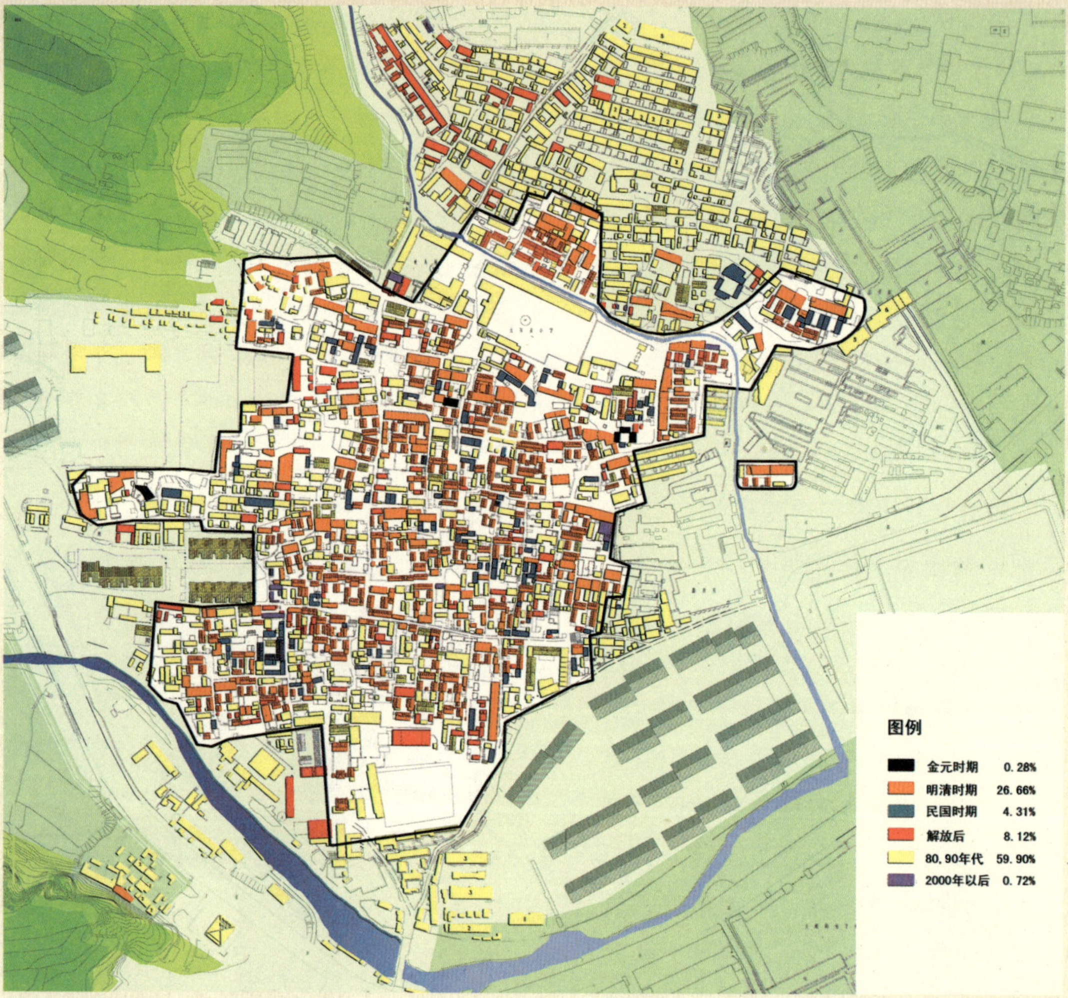

图1-7 大阳泉村建筑年代分析图

随着村落规模的不断扩大，村中的“阳泉街”成为村镇文化、商业、民俗交汇融合之地。主街排列着诸如广泰昌粮店、大生堂药店、永庆城杂货店、同心园茶店等著名商号，大庙、义学堂、牌楼、阁楼、古槐等也都错落有致地分布于阳泉街上，千百年来一直保持着独特的艺术魅力。

随着商业的兴起，村绅巨商大兴土木，耗巨资修建豪宅。最著名的有乾隆年间郗氏十四世郗若梅修建的魁盛号，乾隆三十五年（1770年）张穆祖父张佩芳修建的“阳泉山庄”即今张穆故居等。

明清时期，村民对庙宇等公共建筑进行了大规模的重修或改建。大量碑文对此有记载：《重修嘒愉楼新建遏云楼记》中记载，“岁辛巳，里人捐赀重修嘒愉楼，并广石台，而覆以宇，颜曰‘遏云楼’”[8]；乾隆年间《新建广育祠钟鼓楼记》中记载，“故合村人等同兴善念，或捐红米，或历资材，或施□来□，□□建钟鼓二楼”；乾隆三年（1738年）《新建蒲台庙戏楼碑记》中记载，“因思有庙宇而无戏楼，敬神之心无自而达。于是或输红粟，或出青钱，共举银钩之举，或施砖瓦，或助数椽，齐开金错之囊。各发菩提心，共成功德事，而戏楼之举，不日而遂成矣”；乾隆二十一年（1756年）《改建五龙王庙记》载，“嗣有合村善性等众，谋佥同，改建北方。夫址为坎水，而阳泉更饶其前，庙新于斯，可谓得其地矣”；嘉庆二十年（1815年）《重修五龙宫碑记》中记载，“士民筹善积募，鸠工庀材，仍其旧制，重新丹垩，于祠左复建大王祠，不日而厥工告峻”等等。庙宇祠堂是村落文化的一个重要组成部分。

大阳泉现存的历史建筑多为明清时期所建（图1–7）。

光绪三十一年（1905年），随着正太铁路阳泉站的建立，千年古村重获商机，为新时期阳泉的发展奠定了基础。民国时期，社会动荡不安，但是凭借村中新一代商号祥瑞堂的崛起，大阳泉依旧维系较为平静的生活。

二、大阳泉古村几大家族

发达的农耕，丰富的自然资源，成就了三晋大地上的一代晋商传奇；绵长的历史，厚重的文化积淀，孕育了河东山水中的一方才子佳话。大阳泉村曾孕育出富甲一方的商贾、学贯中西的大师，至今仍为人们津津乐道。冯氏、郗氏与姚氏是其中相对兴旺的家族，成就了大阳泉的历史。

1.郗氏兴衰

郗氏家族的历史，最早可追溯至金代。据清雍正十三年（1735年）郗家十二世孙郗书秀等人所编写的《重修郗氏家谱叙》记载，“如我郗姓，祖居山阳，迁籍平定，非无据

8　碑文记载，“大清道光六年岁次丙戌四月”，即1826年。

图1—8 郗氏家谱

也。州治之北五十里万子足拒城村，有我郗氏古坟一座，内植黄龙树一株，即世世传为黄龙坟……不知何代移迁茔于黄龙坟之下，曰梨树堰。又不知代，又迁茔于本村柏树坳。其中有柏树数株、石秀亭两座，刊'大金大定八年岁次戊子孟冬十月'……由是以观，由金而上，由金而下，已七八百年矣”（图1—8）。从中可以得知，雍正年间郗氏已有七八百年的历史。郗氏家族定居，现存资料可考的“惟有明洪武间，我□□始祖名彦者”。郗彦“身列宫墙，聿修厥德，上承数百之阴行，下开十数传之休光”，一生注重品德修养，泽被后世，“乃由乡及城，卜地于州东南凰翅坡立茔，盖倚冠山为祖龙也。我郗氏发祥之瑞遂兆于此”。可见，郗氏于郗彦一代举家迁徙至阳泉，其后子孙依冢而居，在此繁衍生息，逐渐发展起来。

郗氏子孙居官者为多，三世郗信“由宣德岁贡，任常德府照磨”；四世郗珙“为景泰丙子七年举人，后任陕西归德州知州”；五世郗夔“中弘治壬午进士，后任行人，升给事中”，郗鸾“由孝廉举人，太原府布政司令使”；六世郗元溟“为洪治例贡”，郗元深“正德丁卯进士，后任寿州知州”，郗元洪“正德辛巳进士，授主事，升御史”；七世郗彬“中嘉靖己卯举人，后任陕西凰县知县”；八世郗灿“由嘉靖甲子举人，后任礼县知县”，郗永禄“中万历壬午武举”；九世郗光晋“由万历戊子举人，后任鲁山县知县”。郗氏一直延续前人的恩惠德行，家族愈发昌盛。

郗氏家族的兴盛与平定一带煤铁业的发展密不可分。郗氏在农闲之时经营煤铁生意，逐渐发展壮大。道光《清皇例授昭信校尉郡庠生乡饮大宾占魁郗公暨德配例赠安人商太安人葬墓志铭》[9]记载，“始祖自明初著籍平定，居万子居，后移居阳泉云日楼之下。十二传至公彦讳翥，国子生，以冶起家，设肆鹿泉，以通货于四方”，民国《清诰授中宪大夫花翎知府衔中书科中书介眉□□□□□氏墓志铭》[10]中也有记载，“其先由业铁兴家，克勤克

9 碑文记载，“道光十七年十一月……为之铭曰”，既1837年。

10 碑文记载，“中华民国十三年夏历十一月”，既1924年。

俭，已越七世”（图1—9）。这些都为以后郗氏家族的发展积累了资本。

图1—9 清诰授中宪大夫花翎知府衔中书科中书介眉□□□□□□氏墓志铭

乾隆年间，郗氏十四世郗若梅[11]创立“魁盛号”，以自名命商号，表明了其“魁盛”之信心，“占魁”之决心。传承五代，历经一百余载。郗若梅人如其名，自幼聪慧好学。“公幼读书，用心过度，体羸善病，父命挽弓以强之，公遂专精于武事”，学文用功，学武精通。乾隆四十七年（1782年）春，曾“以第二名应试头场”，却于比武第二天“公失足为大刀所压伤右臂”，使得“宗师大惊失色，观者咸为公惜”。然而“公仍能挽十三石弓，声色不变”， 宗师甚喜，问曰：“汝臂无恙乎？”，其“袒而视之，青肿特甚”，众人皆佩服，“宗师慰之曰，子勇士也……异日必能为国干城矣”。若梅至孝，“奈父年老多病”，遂抛科举从商贾，开创家业。凭着浓厚的儒家底蕴，勤奋敬业，锐意进取，常为经商而外出三五载，“诚信为本，以义制利”的经营理念使得魁盛号业务范围不断推进至正定、京津及关东地区，创出了“出门不住别人店”的传奇业绩。“公一生勤俭，不骄不吝”，使得家业不断扩大。“持家有法，勖子靡□。商安人经理内政，亦以勤俭为主，一籽一粒勿令浪费”。郗若梅一生虽未做官，却捐了“昭信校尉的正六品武职及乡饮介宾”头衔。

郗若梅次子郗象峰[12]是魁盛号第二代传人。郗象峰秉承父业，终生遵守“克勤克俭、不吝于人”的家训。他时常教导众人：“王道也，非教何能？村野山林，岂□少姓天超迈可以造就者，患在豆釜（上缺）”。郗象峰一生主张货通天下，舍财取义，献地、办学都是其最辉煌的义举。清代后期“时曾隽（捐）义田义学”，公“闻其风而慕之”，于清同治十三年（1874年）献地办学，然“夙志未伸也。亟命长子森之、三子成之、长孙凤鸣修业之所广

11 见碑文《清例授昭信校尉郡庠生乡饮大宾占魁郗公暨德配例赠安人商太安人葬墓志铭》，碑文写于道光十七年（1837年）十一月。郗若梅（1753～1835年）字占魁，郗翥之子，郗氏十四世传人，魁盛号商号的创始人。生于乾隆十八年七月二十五日，卒于道光十五年七月二十二日，享寿八十三岁。

12 见碑文《大阳泉创修义学碑》，碑文写于光绪十年（1884年）十月十八日。郗象峰（？～1874年），字景玉。

储馆”，后二子完成父亲遗愿，光绪元年[13]（1875年），郗家创修义学，据《义学施约碑》记载，“立施约人郗森芝，今施到本村义学房院一所，并外村本村地共计九十四亩半。随贷原红契八张……共带实粮一石七斗五升零八勺，所得地课房租，俱作义学请先生费用”。

在郗象峰掌管期间魁盛号最为鼎盛，郗氏家族逐渐发展为平定首富。当年仅在华北、东北一带，挂“魁”字的商行就多达36座，堂倌、店铺、场、坊200多家，享誉“十里京师七里魁”。郗象峰捐官“昭武都尉，侯铨都司，三品虚衔”，为魁盛号历代东主之最高衔。

郗象峰长子郗森之[14]，是魁盛号第三代传人（图1-10）。郗森之考取太学生功名后即经商，可谓儒商。“公初以太学生授光禄寺署正加同知衔，后因光绪十八年、二十七年，本省赈饥善后捐，复请奖四品衔赏戴花翎”。郗森之怜贫惜弱，乐善好施，多次为村中捐款捐物。据《平定州志》记载：“魁盛号郗森之，同治年间，本村兴建义学（施粮），施地，得租延师以教乡里子弟；光绪三岁大饥，与堂兄凝之捐助官赈，又在村中给粟贫乏，全活多人，乡人德之。”为感激其善举，村民将其铭于碑，逝后立于坟前，并于平定州城的忠义孝悌祠内立牌位，流芳百世。

图1-10 此墓志铭为魁盛号十六世郗森之的（仅存后半截）

郗森之三弟郗成之之子郗永寿[15]，郗氏十七世，魁盛号第四代传人。郗永寿虽未创业却能守业，十八岁就执掌了魁盛号偌大的家业。他“性和平谨，愿与人无忤，待戚族怡如也。遇婚丧酌其轻重，无不解囊慨助”。谨遵家训，严于治家，赈济灾贫，重义轻利。“民五年，连饥馑慨赈合村米若干；民九年，□□□捐助平定中校银五千两”，“性虽俭而丝毫

13 《大阳泉创修义学碑》中记载，“昔范文正公……踵奕诰授昭武都非遂使攀官凤灯朝露一修之所广厦杪公并房院地乡饮例奉直例武德骑尉国子　大清光绪元”。

14 见碑文《此墓志铭为魁盛号十六世郗森之的（仅存后半截）》，碑文年代不详。郗森之（1825～1898年）字重如，号应林，生于道光五年十二月初一，卒于光绪戊戌年十二月二十九日，享年七十四岁。

15 见碑文《清诰授中宪大夫花翎知府衔中书科中书介眉□□□□□□氏墓志铭》，碑文写于中华民国13年（1924年）夏历十一月。郗永寿（1881～1919年），字介眉，生于光绪六年，卒于民国8年（1919年）11月，三十九岁壮年即逝。

图1-11 魁盛号第五代传人出继留影（左一为郗瑞藻，右一为郗润藻）

不吝，尤为人所难能。故前清将其先伯重如公配享忠义孝悌祠，全县称颂，公之力也”。光绪二十六年（1900年），在他二十岁时，魁盛号得到御授“都阃府”牌匾；二十四岁就诰授中宪大夫（四品衔）赏戴花翎，中华民国成立后，又被委以中书科中书，可谓平定县商界名流，赢得村中美誉，代代相传。

魁盛号中巾帼不让须眉。大院内有一篇为纪念魁盛号的内主人——杨恭人[16]而写的铭文。作为魁盛号的内掌柜，“恭人性和顺，少失怙，事母至孝，修家事有法”。十九岁嫁入郗氏，三十五岁夫新之公卒，“受兄公应林[17]托，凡阃内大小事归恭人经理”，杨恭人强忍悲痛，“不得已，乃含悲忍泣，复自相劝勉曰：既受此托，敢不悉心力以治父母之家，治夫家事”。她治理魁盛号内院近五十年间，持家有法，奉尊成章，待上辈如父，待下辈若子，内外亲无远近，族人皆称其贤德，“真不愧巾帼中之丈夫也”。杨恭人名下无子，过继三弟郗成之之子郗永寿为嗣子，关爱备至，“所有恩养一切皆如己出”。为报杨恭人养育之恩，嗣子郗永寿在其逝世后，专门请正在京城备考进士的解元杨大芳为其撰写铭文《清诰封恭人郗母杨恭人墓志铭》。

魁盛号传至第五代，开始由盛转衰。由于郗凤鸣、郗永寿兄弟二人均膝下无子，经过权衡，将与其同为四服弟兄的郗顺隆之次子考明、三子考生过继过来。次子过继于郗凤鸣，改名为郗瑞藻；三子过继于郗永寿，改名为郗润藻（图1-11）。此时正值民国时期，朝代更替时局动乱，加之二主又好逸恶劳，吸毒成瘾，最终导致了魁盛号的衰败。

16 见碑文《清诰封恭人郗母杨恭人墓志铭》，碑文年代不详。杨恭人，魁盛号十六世传人郗新之之妻，例授武略骑尉候补千总，本乡西峪村人。杨恭人（1827～1904年），生于道光七年八月初五日巳时，卒于光绪三十年六月二十一日时，享年七十八岁。

17 即郗森之，郗新之之兄。

图1-12 由郗家创办的义学堂

图1-13 《平定州志》上有关郗森之的记载[18]

魁盛号的发展史展现了其主人锐意进取的精神。借助地处晋冀驿道的有利条件，以平定发达的冶铁业为支撑，魁盛号各代主东通过自己的苦心经营与庞大的商业脉络，把“平定铁货”这个极具地方特色的商业品牌推向市场，昔日曾有“一字魁龙”的佳传。魁盛号的生意不仅在华北、东北站稳脚跟，还时常与日本、俄国和欧洲通商，奏响了日后大阳泉村大量外销铁货的序曲。

经过几代人兢兢业业的经营，郗氏先后在本村开办了炒铁炉、炯炉厂，在杨家庄开办锄板厂，创办了“福盛窑”、“大兴矿”等商号，并走出阳泉，将“魁”字商号逐渐拓展至石家庄、北京、大连、营口等地，其所属商号“复兴魁”、“永盛魁”、“德聚魁”、“宗和魁”、“魁盛庄”、“魁永庄”、“魁盛成”等等，都声名远扬。

郗家从商注重诚信，“诚信为本，以义制利”是郗家商人的经营理念。“首重信，次讲义，第三才是利”，这简短几个字的家训足见其待人处事的态度。绵延一百余年经久不衰的郗家商业，其兴旺不仅仅是占据了“天时地利”，“人和”方面也有相当重大的影响。郗家商人注重教育，坚信要以儒学孝义树立良好的品德，聘名师办义学（图1-12）。

“创业维艰祖辈备，守成不易子孙宜戒奢华”，这是郗家商人留给子孙的谆谆教诲。面对国家的灾贫，学堂的萎靡，郗家商人没有踌躇，而是拿出晋商的豪迈，毅然决然赈灾

18 本照片由大阳泉村村委会提供。
19 现存于大阳泉村广育祠东碑亭东壁左。
20 现存于大阳泉村广育祠东碑亭东壁右。
21 具体年代不详。
22 碑文《施好善》（初考可能是光绪十八年赈灾捐粮碑）。

济贫、兴办学堂。郗家商人谨遵祖训，在尝辛苦、戒奢华的同时，积极投身于公益事业，对百姓慷慨解囊。

清雍正十二年（1734年）《重修钟鼓楼庙前街道墙壁碑记》[19]中，有关施钱的名单记有“郗彦”的名字；咸丰十一年（1861年）《广育祠施地碑记》[20]中记载，“西峪掌恒裕吕神峪、郗锦、郗和、郗赢登、郗彦，本村刘煜、兰瑜、商魁、石书祥同兴善念，施神峪地一十八亩半，随带地内原粮三斗九升一合三勺二杪爰刻片石，以垂永远”；《平定州志》中记载，“光绪三年岁大饥，与堂兄凝之捐助官赈，又在村中给粟贫乏，全活多人”（图1–13）；光绪十一年（1885年）岁次乙酉十一月《五龙宫地土房院记》中记载，“郗凝之出钱十七千伍百文，郗森芝出钱十七千伍百文……郗振藻出钱十七千伍百文”；光绪年间[21]《清光绪重修关帝庙残碑》正面记有“郗永寿”的名字；光绪年间《施好善》[22]中记载，“郗森之，施米壹佰石；郗凝之，施米伍拾石；郗振藻，施米伍拾石”；光绪三十一年（1905年）七月正太铁路石家庄至阳泉段开通，在“山西争矿运动”中，郗永寿及阳泉

图1–14 郗氏所建的魁盛号大院

人民没有怯懦，拿出晋商的壮志豪情，力挽狂澜，毅然决然地冲在了争矿保晋运动的最前列，并拿出多年积蓄，买断阳泉周边的矿山，最大限度地保护村里矿区不被外国人侵占，保护村民的生活安定。后期以赔偿英商赔款为代价，赎回矿山，郗永寿和郗采藻认股最多，先后两次拿出4000余两白银，以实际行动，为家乡为国家贡献力量。宣统三年（1911年）《村中公议捐款修理街道布施碑记》中记载，“谨以修造之年月布施之姓名，刻石以垂永久……钦加四品衔 郗永寿……一佰吊”；中华民国13年（1924年）《清诰授中宪大夫花翎知府衔中书科中书介眉□□□□□□氏墓志铭》记载，“民五年，连饥馑，慨赈合村米若干；民九年，□□□捐助平定中校银五千两”，“至民国九年，北五省又馑，我晋东南半壁尤为死亡枕藉。本县新任知事刘来舍劝捐，备极诚恳。公之堂侄采藻遂伙捐大洋七千元之巨”。

岁月流逝，时光荏苒，郗家人那份泽被后世、恩泽万代的责任感与使命感，就是一笔宝贵的精神文化遗产，代代相传（图1–14）。

2.冯氏溯源

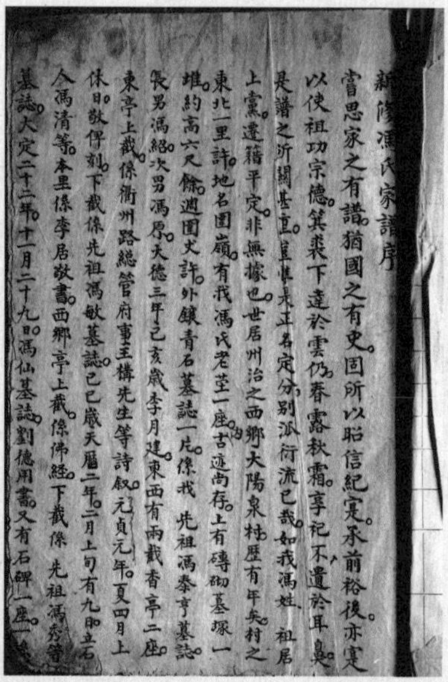
新修馮氏家譜序
嘗思家之有譜猶國之有史固所以昭信紀寔承前裕後亦寔
以使祖功宗德箕裘下逵於雲仍春露秋霜享祀不遺於耳鼻
是譜之所關甚巨豈惟夫正名定分別派衍流已哉如我馮姓 祖居
上黨遷籍平定非無據也世居州治之西鄉大陽泉村歷有年矣村之
東北一里許地名圍嶺有我馮氏老塋一座古迹尚存上有磚砌墓塚一
堆約高六尺餘週圍丈許外鑲青石墓誌一片係我 先祖馮泰亨墓誌
長男馮紹次男馮原天德三年己亥歲季月建東西有兩截香亭二座
東亭上截係衛州路總管府事王構先生等詩叙元貞元年夏四月上
休日敬俘刻下截係先祖馮敏墓誌己巳歲天曆二年二月上旬有九日立石
令馮清等本里係李居敬書西鄉亭上截係佛經下截係 先祖馮秀管
墓誌大定二十二年十一月二十九日馮仙墓誌劉德用書又有石碑一座一

图1–15 冯氏家谱

冯氏家族的历史，据《新修冯氏家谱序》中记载，“如我冯姓祖居上党，迁籍平定……世居州治之西乡大阳泉村，历有年矣”（图1–15）。冯氏老茔旁一石碑背面刻有“世居阳泉……但祖繁坟密，遂迁茔于冯氏老坟之南不数步椿下小坟地内”，由此可以确定，冯氏居住阳泉已久矣。凭借着吃苦耐劳的精神与儒家思想的精髓，“耕读传家，仕宦巨商，族中殷富[23]”，铸就了一个“祖功宗德，以致光前裕后，流芳百世，名垂千古”的商宦传奇。

大阳泉村冯氏最著名的人物是冯泰亨。冯泰亨，字大来，金末元初人。据《新修冯氏族谱序》记载，“村之东北一里许地名围岭，有我冯氏老茔一座，内古迹尚存，上有砖砌墓冢一堆，约高八尺

23 自《续修家谱序》，写于中华民国23年甲戌孟冬之月中旬望日。

余。周围丈许，外镶青石墓志一片，系我先祖冯泰亨墓志。长男冯绍、次男冯原，大德三年己亥岁季月建”。茔地东西，有香亭二座（图1–16），“东亭上截系衢州路总管府事王构先生等诗叙，元贞元年夏四月上休日敬俾刻；下截系先祖冯敏墓志，己巳岁天历二年二月上旬有九日，立石人冯清等，本里系李居敬书。西乡亭上截系佛经，下截系先祖冯秀等墓志，大定二十二年十一月二十九日”。

图1–16 现置于冯氏宗祠内部的香亭

图1–17 刻于香亭之上的遗山先生诗词

东亭上记载着许多名人墨客为冯大来题的挽联（图1–17）。《围岭老茔墓志》可考：东亭上（正面）截云：

乃祖儒衣读典坟，诸孙易学觑羲文。相逢欲说无何有，可惜髯生不茹荤。——最谷道人

青衫竹马角犹了，曾到东州付使家。正值阳泉春色好，东风开满树头华。——王构[24]

褒衣皤腹大冯君，晋国先贤迥出群。谁识英灵旧时事，满山明月一溪云。——王构[25]

东亭上（背面）截云：

一笛悠然此地闻，住山还忆大冯君。已看引水浇灵药，更约筑亭留野云。

前日褒衣笑皤腹，今年宿草即荒坟。东邻谁举游岩例，秋菊寒泉尚可分。——遗山先生[26]

这首诗亦见于《冯公建墓志》[27]。此诗为遗山先生[28]为冯大来所做的挽诗。《冯公建墓志》记载，王构曾于元中统庚申年（1260年）在聂府见过遗山先生的真迹，至元甲午年（1294年）专程来阳泉吊念故友冯大来，拜访了冯大来的孙子冯敬和冯敏。期间问及此

24 另见《平定州志》卷十三艺文诗条目，清光绪八年（1882年）刊。

25 另见《平定州志》卷十三艺文诗条目，清光绪八年（1882年）刊。

26 另见《平定州志》卷十三艺文诗条目，清光绪八年（1882年）刊。

27 撰写于元贞元年孟秋望日 立石人：冯敬等。

28 元好问，字裕之，号遗山，太原秀容（今山西忻州市）人。我国金末元初最卓越的作家和历史学家，宋金对峙时期北方文学的杰出代表，被尊为“北方文雄”、“一代文宗”。

图1—18 冯公墓碑

图1—19 冯氏宗祠门楼

诗，答曰："家世沦落，久居田里，初不知遗山为大父曾作挽诗也。"王构不禁为之惋惜，随即派学生郭凤去拜访平定聂府旧宅，几经周折，终于"发故藏书箧笥得焉"，遂将其临摹一本交予冯敬和冯敏，真迹仍归还聂氏。由此可知，冯泰亨素来与遗山先生及王构等文坛人士交好。清代著名学者张穆在《重刻元遗山先生集序》也曾记载，"大来者，遗山往来阳泉时东道主人也"。

在冯泰亨墓旁，立有石碑一块，系元天顺壬午科举人候选直隶新河县知县冯处士墓[29]（图1—18）。《新修冯氏家谱序》记载，"其先世谱迄无可考。高祖泰亨，曾祖平尔，祖道僧，父恕，皆晦迹弗耀"[30]，可见冯处士是自冯泰亨后第五代传人。

明嘉靖十八年（1539年）四月廿八日冯处士之子冯浩为其所立石碑《阳泉冯处士墓表》记载，冯处士，"讳子英，字□姓冯氏，平定义井都人也"，生于宣德甲寅，卒于成化乙酉，年仅三十二岁，可谓英年早逝。其母李氏共育子三人，处士是小儿子。"长子玉，次彦，领天顺壬午科乡荐，尹新河，有政绩。处士，其季也"。处士天生俊美，生性喜静，虽然是家中最小的孩子，但从小就表现出了过人之处，言行举止十分成熟，"稍长即任家事，不及为学，而器识颖异，有过人者"。处士为人友善，做事张弛有度又极有原则，在宗族中威信较高。"事父母小心愉色，甚得子道。处兄弟和以敬，室无私积，待族党以柔逊，不校为先。遇轻佻之徒，恒趋避焉，不与见，见亦不交一言，以是人多畏处士，不敢侮"。处士节俭持家，勤奋自勉，每天都早起，即使生病也从未间断。辛勤的劳动带来了

29　《阳泉冯处士墓表》立于嘉靖十八年（1539年）四月廿八日。
30　撰写于嘉靖十八年（1539年）四月八日，孝子冯浩立。
31　冯氏宗祠建于道光三十年，详析见第三章"大阳泉古村居住建筑"。
32　王俭著.张穆大传.中国文史出版社，2005年。

丰厚的回报，家中日渐殷实。虽然如此，处士“饮食不选珍异，衣履甚粗不以为丑，器用但取俭朴，不肯过为华丽”。他认为，“吾每见人家子弟，以奢侈败家者，心甚恶之，吾岂可效尤哉？”处士之妻张氏育有两子，长浩甫，次岳甫。然而浩甫八岁、岳甫六岁时，处士便撒手人寰，此时只有二十七岁的张氏“以节自守，誓不他适，利诱而势迫之者盈耳，屹不为动”，“抚育二孤，至于成立”。后浩娶郗氏为妻，岳娶李氏为妻，自此，处士之后共有“孙男六人、曾孙男八人、女子十四人”。

至今，冯氏遗留下来的古建筑，除冯氏宗祠[31]（图1-19），还有广泰昌、德隆涌、大成魁等大院，以及在村中数量不少面积甚大的老建筑群落。

3.张氏奇才

问及大阳泉村历史上的文人墨客，村人一定会很自豪地提起张穆以及张氏家族。作为我国清代著名的爱国思想家、地理学家、书法家、编辑大家，村中至今流传着他的传奇故事（图1-20）。

图1-20《张穆大传》封面中张穆像[32]

张穆的祖父为张佩芳（1732～1793年）。张佩芳，字荪圃，亦字公路，号卜山。生于平定上城，其父张可举，字登荣，国学生。张佩芳幼聪颖好学，且悟性过人。乾隆二十一年（1756年）二十四岁时中举，次年中进士。乾隆三十一年冬，三十五岁的张佩芳选任安徽歙县知县，开始了仕宦之途。任

图1-21 张穆故居局部鸟瞰

歙县令期间，兴学宫，建书院，修邑志，筑社仓，析疑狱，恤穷民，惩豪奸，毁淫祠，当地士绅曾作“八政颂”予以宣扬。乾隆三十七年调合肥县令。乾隆三十九年四十三岁时，升任寿州知州，在任期间惩治豪霸，除奸去弊，大有功业。乾隆四十三年冬，升任泗州知州，着重治理水害，沿河植树固堤，加强对水闸的管理，缓解多年水害。在泗州任上达八年之久，在乾隆五十年大庆时，加级晋封为朝议大夫（四品衔）。乾隆五十一年，辞官回到家乡大阳泉村。乾隆五十八年病逝，享年六十二岁，葬于大阳泉村祖茔。张佩芳知识广泛，学问渊博，精于考据，喜好藏书，从政余暇，著书立说，为后人留下了很多珍贵文化遗产。其主要著作有《陆宣公翰苑集注》、《平定州志考误》、《翕县志》、《黄山志》等。乾隆四十九年（1784年）续修《平定州志》时，张佩芳为各卷撰写了序言。其裔孙张穆在《先大父泗州府君事辑》中为他整理撰写了《张佩芳年谱》。

张穆父亲张敦颐（1772～1819年）是张佩芳的第四子，生于张佩芳在安徽居官合肥县署时。乾隆四十三年，母亲陈太宜人领着七岁的敦颐由安徽回到了平定州大阳泉村“阳泉山庄”新居。嘉庆五年（1800年），张敦颐中举。嘉庆十六年，四十岁的张敦颐高中辛未科进士，为殿试二甲十六名，钦点翰林院庶吉士。张敦颐曾任翰林院编修、记名御史、武英殿纂修等。四十七岁时早逝，归葬于大阳泉村。

当然，张氏家族中最著名者乃张穆。张穆故居中（图1–21），清代著名学者何秋涛撰写的《清故候选知县张石州先生墓志铭》记载，“先生讳穆，谱名瀛暹，字涌风，一字石州”[33]。从小在书香门第环境中长大的张穆，耳濡目染，不仅精通史书，审定校勘书稿，更对地质研究作出了重要贡献。“长诵六艺百家之言，固而存之，腔蛑擘坚，无蔽于前，乃沉思溯经诂，贯史筴，核天算，图地志，钩伏剟舛，斂古铸今”。道光辛卯年（1831年），张穆“以优行贡成均选充正白旗汉官学教学”。期间认识了诸多好友，时常与好友们探讨学术问题，“阮文达公、程春海侍郎、祁相国淳父，与为师友，尝与俞君燮、魏君源论诸史，徐君瀚、王君筠讲六书，罗君士琳、郑君复光明九数，徐君松、沈君垚考西北边塞地理。诸君皆专门业，咸推服焉。识者为先生之学盖全氏谢山、钱氏辛楣之俦，非它

33 《清史稿》卷四百八十五、列传二百七十二“文苑二”中记载：“秋涛，字原船，光泽人。道光二十四年进士，授刑部主事。留心经世之务。以俄罗斯与中国壤地连接，宜有专书资考镜，始著北徼汇编六卷。后复详订图说，起汉、晋讫道光，增为八十卷。文宗垂览其书，赐名朔方备乘。召见，擢员外郎、懋勤殿行走，旋以忧去。同治改元，年三十九，卒。又著《王会篇笺释》、《一镫精舍甲部藁》。刑部奉敕撰律例根源，亦秋涛在官时创藁云。”

家所可拟”。古有所谓“学而优则仕”，又是身在官宦世家，但张穆却没有像其他人一样通过考取功名而入朝为官。道光十九年（1841年），张穆参加顺天府乡试，因与监考人员发生口角而被取消考试资格，“当候铨，辄以负气忤贵人，弃去不顾”，从此潜心学术，“闭户人海几十载，左右图书，日以讨论为事。盖其志专欲以文学名后世也”。

张穆一生勤奋好学，“以为学无时代，惟其事尔，故其肄习皆朴学，非世所好也”。[34]《清史稿》、《中国近代史稿》、《山西通志》、《平定州志》以及《辞海》、《辞源》都有着关于他的详细记载。《清史稿》记载：“张穆，字石洲，平定州人。道光中优贡生，善属文。歙县程恩泽见之，惊曰：‘东京崔、蔡之匹也！’通训诂、天算、舆地之学。著蒙古游牧记用史志体，韵士要略用编年体，论者谓二书足相埒。又以魏书地形志分并建革，一以天平、元象、兴和、武定为限，纯乎东魏之志。其雍、秦诸州地入西魏者，遂挩失踳駮不可读。乃更事排纂，书未成，其友何秋涛为补辑之。又著顾炎武、阎若璩年谱。”[35]

张穆毕生致力于学术书籍的研究，所著书籍至今国家图书馆书库尚有保存。他有十余部传世专集，如《蒙古游牧记》（图1-22）、《延昌地形志》、《俄罗斯事补辑》、《顾炎武年谱》、《阎若璩年谱》（图1-23）、《靖阳亭札记》，多被翻译成俄文、蒙古文等。其中，最具影响的就是《蒙古游牧记》。全书十六卷，主要论述了清代蒙古各部游牧所在、地理形势、历代沿革及元亡以来各部的变迁等方面的情况。《俄罗斯事补集》亦得到清代著名文人阮元(1764～1849年)高度评价，称其“二百年无此作”。有兴趣的读者可以参阅《张穆诗词笺释》一书（图1-24）。

张穆的气节，村中还流传着这样一个传说。翰林院大学士祁隽藻，因知道张穆为难得之才，多次向道光皇帝举荐。道光皇帝决定先出题试探一下张穆，再决定是否重用之。于是将一柄小纸扇递予祁隽藻，命张穆于三日内在扇面上画出一万头骆驼。祁隽藻深知张穆淡泊名利，一筹莫展回到家，张穆见之，问之何故，祁隽藻于是说皇帝给自己出难题。张穆成竹在胸，愿替祁隽藻解决难题。然第一、二日均不见动静，第三日中午，张穆酣睡后，慢条斯理地在纸上寥寥数笔。只见两座陡峭山谷中，只画了一个骆驼脑袋和半个身子。祁隽藻恍然大悟，夸其真谓奇才。次日将小扇呈上，百官不得其解，皇帝却欣喜之，

34 《清故候选知县张石州先生墓志铭》，撰写于道光二十九年（1849年）。

35 《清史稿》卷四百八十五、列传二百七十二“文苑二”。

曰：“深山之中，露出的乃群驼之首，被隐于其后的何止万头？真可谓奇才。”遂决定重用之。祁寯藻将张穆不愿做官的情况告诉皇帝，皇帝求才心切，于是听从祁寯藻之策，决定第二天登门拜访。当晚，祁寯藻告之张穆已将小扇呈上，皇帝与群臣均赞不绝口，因觉内心有愧，遂将实情禀报，皇帝已定明天亲临府上，让其稍作准备。张穆知无法阻止，只好听从。第二日中午，皇帝便装前往，祁寯藻迎之，速派人唤张穆。然而家人告之“张穆在后院厢房睡觉，呼叫不醒”。皇帝为了表达诚意，屈尊前往厢房，仍呼唤不醒，只好退出，不禁叹息，曰：“张穆如此，示其不愿为官，朕也不怪罪于他，任其自便好了。”

图1—22 《蒙古游牧记》封面[37]

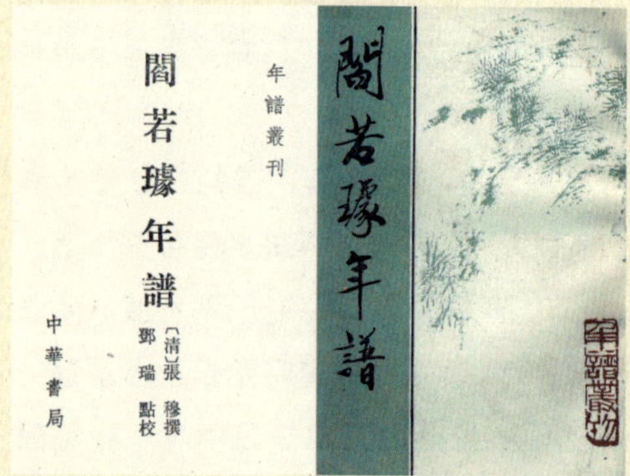

图1—23 《阎若璩年谱》封面[38]

图1—24 《张穆诗词笺释》封面[39]

36　自《张穆墓碑墓志铭》。

37　张穆著，张正明、宋举成点校．蒙古游牧记．山西人民出版社，1991年。

38　张穆著，邓瑞点校．阎若璩年谱．中华书局，1994年。

39　王俭著．张穆诗词笺释．山西人民出版社，2005年。

张穆卒于道光二十九年岁次己酉十一月九日壬寅，年仅四十四岁。祁寯藻为张穆撰写墓志铭[36]，曰："呜呼！石州学博，志大气高，而昌谷不寿；孝于亲，友于兄弟，而童乌不秀；著书满家，发言惊座，下士逡巡笑之，而鸿儒伟彦褰裳争就，惜乎！湛思远识，世莫能详究也。"

三、大阳泉古村周边环境

大阳泉村背山面水，地理位置得天独厚，气候环境舒适宜人（图1-25）。《重修玄天阁观音阁碑》云："平定为古上艾地，州之西有郇曰阳泉，山势嵯峨，水流澹逸，秋月交辉于岩廊，春风激宕于池塘"，所说的就是大阳泉村峻美的山水环境。

图1-25《张穆诗词笺释》[40]扉页"阳泉山庄"

提及大阳泉的景色，当首推大阳泉古八景，即"阳泉春色"、"帽石烟凝"、"石瓮生风"、"栖云道院"、"登云日楼"、"文昌古庙"、"饮马坑泉"、"节孝牌坊"。大阳泉古八景是古人对大阳泉村景色的理解与概述，其中"阳泉春色"、"帽石烟凝"被列入"平定州古八景"[41]。偌大的一州之景，大阳泉以区区一村之地而独占其二，可见大阳泉环境之峻美。也正是这雄山秀水，曾使无数文人墨客为之倾倒。

"阳泉春色"，《平定州志》[42]中

40 王俭著.张穆诗词笺释.山西人民出版社，2005年。

41 平定州古八景包括冠山雨过、帽石烟凝、清泉浸月、红楼晚照、阳泉春色、白岸秋霜、五渡平波、双林古寺。

42 《平定州志》卷三舆地山川篇阳泉条目，清乾隆五十五年（1790年）刊。

无名氏诗《阳泉见山川》中有如此描述：“此地从来先得春，桃红柳绿竞鲜新；有时雨过山添翠，长日溪流水皱鳞。似语野花开灼灼，唤人小鸟叫频频；回头更有南峰胜，青霭葱葱岱岳邻”；孙杰有诗云：“山川犹雪霰，胜地已阳和；烟润黄金柳，沙明碧玉波。暄风花信早，萋草屐痕多；即见桑麻里，韶光伴酒歌”[43]（图1–26）。

“帽石烟凝”之景，《平定州志》中无名氏诗云：“有石如山翠且高，无端烟霭四时色；晚云似练笼梳髻，夜月如纱映录袍。淡抹远山青缕缕，寒分五渡水漕漕；今朝喜得攀跻乐，骐马归来胜驾鳌”；孙杰有诗则云：“霏烟凝帽石，蒲草乱苔斑；树隐横斜里，山迷远近间。和云遥出塞，带雾欲临关；俎豆存祠庙，祈灵人往还”。

曰陽泉春色
陽泉見山川無名氏詩此地從來先
得春桃紅柳綠競鮮新有時雨過山
添翠長日溪流水皺鱗似語野花開灼灼喚人小
鳥叫頻頻回頭更有南峯勝青靄葱葱岱岳鄰孫
傑詩山川猶雪霰勝地已陽和烟潤黃金柳沙明
碧玉波暄風花信早萋草屐痕多即見桑麻裏韶
光伴
酒歌

图1–26 乾隆版《平定州志》上有关“阳泉春色”的记载

这四首诗是古时人们对于大阳泉景色的生动描写。文中所提到的“狮垴山”，指的就是现在的“狮垴山”（图1–27）。《平定州志》载：“在州西二十五里，形似狮，一名蒲山。有巨石数丈，盘耸古松间，石上有穴深尺许，中产菖蒲。水冬夏不竭。祷雨辄应，土人建蒲台神庙于上，岁久蒲绝，时苦旱，郡人孙杰[44]补栽为文祭之，甘雨即降，人以为植蒲之感。后李堂重修神庙。北有石瓮山，详石瓮神庙。赵怀允[45]《灵瞻王庙记》略云：平定郡西二十五里，有山曰狮子山。经所谓‘以形似而名之’者也。山之麓有石台焉，巍巍峩峩，杰出群石，若巨人之冠帽，然菖蒲生其上，南望黑水十里而近北顾石瓮五里而遥，盖连亘之一山也，按赵记石台即八景之‘帽石烟疑’也。”

明乔宇有《游蒲台山诗》载：“突起云根凸丈形，紫蒲仙捶滴清泠。梳风露叶春长在，带雨烟蕤岁屡经。山有出云

43 《平定州志》卷三舆地山川篇阳泉条目，清乾隆五十五年（1790年）刊。

44 孙杰，字朝用，号高岭，平定人，进士出身，明朝时曾任临洮知府，回归故乡后，于嘉靖二年，七十五岁高龄时，带人在蒲台山补植菖蒲，见蒲台告文碑。

45 赵怀允，字东山，金代郡人，州志中引用文是他撰写的《灵瞻庙碑》碑文。

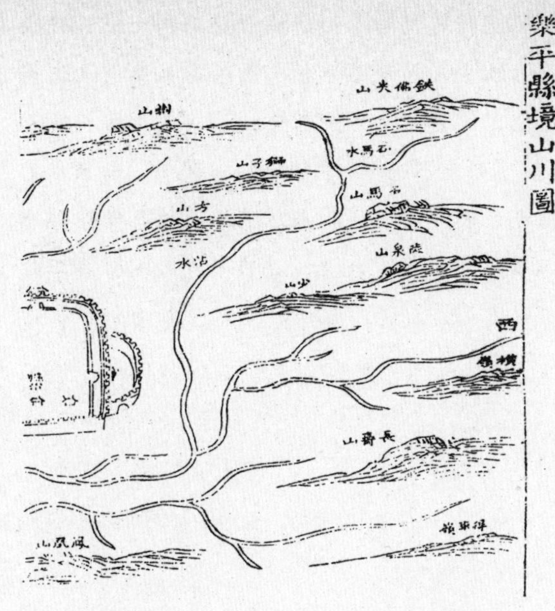

图1–27 乾隆版《平定州志》上狮子山的位置

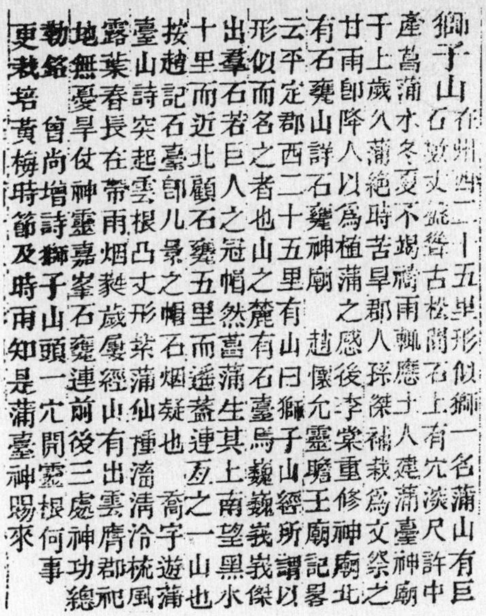

獅子山在州西二十五里形似獅一名蒲山有巨石故文蹤晉古松間石上有一穴深尺許中產爲蒲水冬夏不竭禱雨輒應土人建蒲臺神廟于上歲久蒲絕時苦旱郡人孫傑補栽爲文祭之甘雨即降人以爲植蒲之感後李棠重修神廟北有石甕山詩石甕神廟 趙懷允靈贍王廟記畧云平定郡西二十五里有山曰獅子山經所謂以形似而名之者也山之麓有石臺焉巍巍峩峩傑出羣石若巨人之冠帽然藹蒲生其上南望黑水十里而近北顧石甕五里而遙蒸連亙之一山也按趙記石臺即几景之帽石烟疑也 喬宇遊蒲臺山詩突起雲根凸丈形桀蒲仙棰滴清泠梳風露葉春長帶雨烟蕤歲屢經山有出雲膚郡祀地無憂旱仗神靈嘉峰石甕連前後三處神功總勒銘 曾尚增詩獅子山頭一穴開靈根何事更栽培黃梅時節及時雨知是蒲臺神賜來

图1–28 乾隆版《平定州志》上有关狮子山的记载

膚郡祀，地无忧旱仗神灵。嘉峰石瓮连前后，三处神功总勒铭[46]”。也是形容狮垴山之灵秀。清代曾尚增亦有诗曰：“狮子山头一穴开，灵根何事更栽培。黄梅时节及时雨，知是蒲台神赐来。”（图1–28）

狮垴山不仅景色宜人，还有一段神奇的故事。

宋治平四年（1067年）《蒲台醮盆碑》[47]记载，“治平丁未岁次”，阳泉地区遭受了干旱，当时“稼穑干焦，四民忧惧”，人们“四方祀祷”，结果“一无灵验”。后“余众祭蒲池枯竭”，终于人们的虔诚感动了神灵，于是“化露自入瓶中得水回归”，之后“每遇天旱，灵验常有”。人们为了表示感激，“请工匠化众，建造醮盆一座”，于“崇宁岁次丙戌□月朔己未辛未日立”。

大阳泉村求雨灵验的经历并非这一次。金大定丙戌年（1286年）赵怀允撰写的《灵瞻庙碑》记载，“宋世岁旱，乡邑之民舞雩于社，祷雨无获，祝祷无应”，几个玩耍的孩

46　乔宇，字希大，山西乐平人。祖毅，工部左侍郎。父凤，职方郎中。皆以清节显。二十岁中进士，先后授礼部主事、太子太保、吏部尚书等衔。

47　蒲台庙曾是狮垴山三大名胜古迹之一。

童，“因置瓶于蒲下，以祷为嬉”，却“见蒲之芒有露凝结若缀，流然坠而入于瓶，或晞而竭，或潮而溢，瓶既溢矣。即有云物触石而出肤寸，而合不崇朝，而雨霡霂沾足”，于是村人纷纷效仿，都“屡获其应，敏于景响”。为了感谢上天的恩赐，“由是大建祠宇于石台之下，名之曰蒲台神庙，而奉祀之”，于“宋崇宁三年[48]，赐额曰‘灵赡’，与黑水石瓮二神同时得号。黑水庙曰‘普泽’，石瓮庙曰‘丰济’”。明嘉靖二年（1523年）孙杰撰写的《蒲台告文碑》也有类似的记载，“择日祭告补栽石台之上，是日天气晴明，告毕旋归。甫至阳泉，时雨即降，遍于境内”。

48　北宋崇宁三年（1104年）即宋徽宗赵佶在位时期。

第二章

格局

GEJU

大阳泉村与小阳泉、南庄等村古时被称作“阳泉里”。其中大阳泉村是规模最大、选址比较优越的村庄之一（图2-1）。有民谚云：“大阳泉村岗脉好，风水旺。”大阳泉村从选址、布局，直至到建筑上，都表达了古时人们所能理解并向往追求的生活形态。大阳泉优越的人居环境和丰富的文化生活，一直作为周边村落的典范，被模仿和学习。

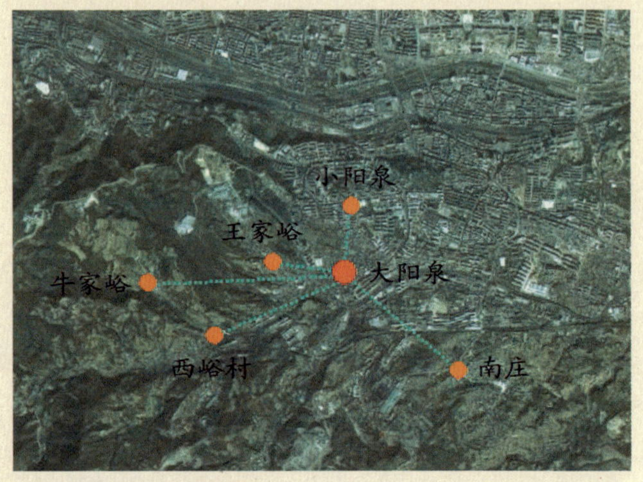

图2-1 大阳泉与周边村落

一、村落选址

大阳泉自古就是一处自然环境优美的村落。从元好问的诗篇开始，一直都有关于阳泉秀美山水的记载。清康熙五十六年（1717年）的《重修观音阁真武阁碑记》载：“阳泉距州城十里许，环列岗峦，前临溪水，林木葱郁”，更是说明大阳泉选址的特点。从20世纪70年代的测绘地图也能看出，大阳泉当时还环列岗峦，前临溪水（图2-2）。

狮垴山由西北向东南延伸，大阳泉村位于狮垴山余脉，所处位置西高东低，北高南低，是一块朝东南的阳坡，山坡北偏东侧有较高的北岭坡，再向北是南山；与阳坡西偏南隔河相望的是一片平顶的黄土台地，台地以南是由西南向东北延伸的山脉；阳坡的东南起伏不大，两者隔义井河相对。义井河发源西南，绕过黄土台地后，呈弓形于南侧环抱古村，其支流天河檐沟发源于北岭坡与阳坡所夹低地，从北侧和东侧弓形环抱古村(见图2-3大阳泉山水空间)。村落整体布局与传统风水所描述的理想风水格局十分相近。阳坡为穴，北岭坡是左臂砂，北侧南山为护山，黄土台地是右臂砂，西南的山脉为护山，阳坡东南隔河而对的缓坡为案山，义井河与天河檐沟分别似金带环抱古村（图2-4）。

图2-2 大阳泉20世纪70年代测绘地图

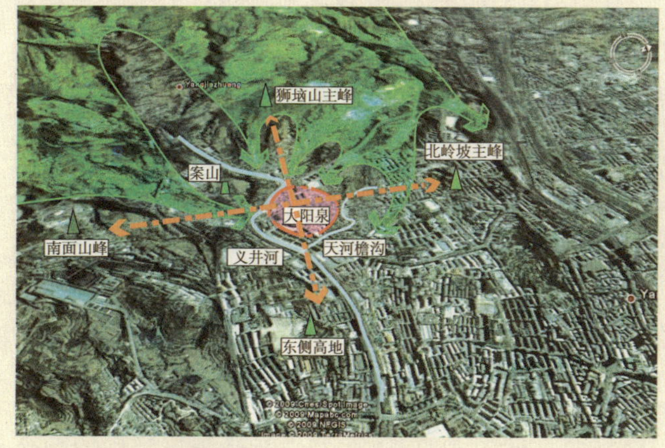

图2-3 大阳泉周边环境

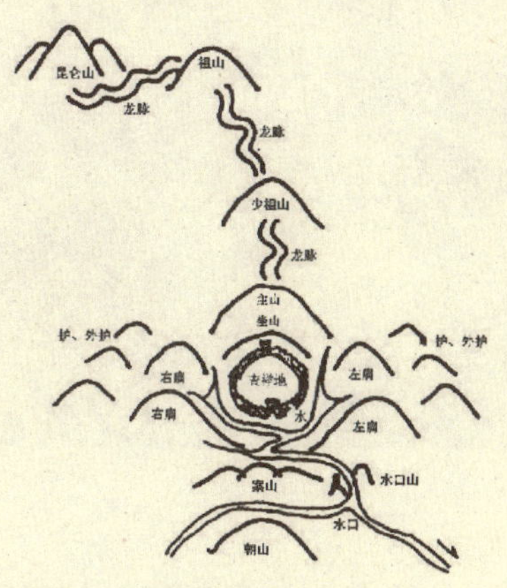

图2-4 理想风水布局

二、村落布局特点

山体等自然要素对大阳泉的布局和空间结构形态起到重要作用。大阳泉村在村落布局中通过视线、朝向等建立了人工要素与自然环境简单、朴素的统一。在风水思想的影响下，轴线成为大阳泉村落空间布局的重要部分。提到中国传统建筑的营造，辨方正位是必不可少的过程。大阳泉村的营造中方位不仅是建筑坐北朝南的传统观念的需要，也符合采光、通风等气候要求。只满足卫生、舒适，并不是大阳泉村落营建所追求的唯一目标。自然与人的统一这一更深层次的要求，赋予了大阳泉村十字交叉的轴线（图2-5）。

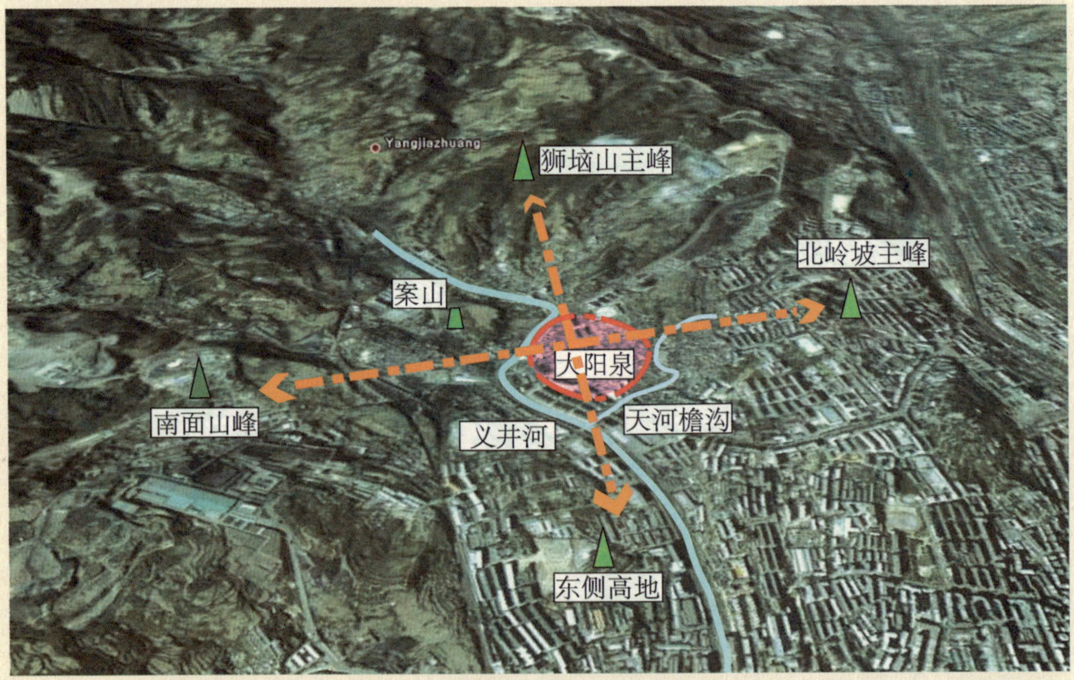

图2-5 大阳泉的轴线关系

这两条近似垂直相交的轴线是村落的空间骨架。西北-东南的轴线是理想格局的体现，从西向东依次有狮垴山主峰、西阁、西槐及西五道庙，广育祠、东槐及东五道庙、东阁和缓坡最高点。其中广育祠为轴线的中点，也是整个村落的中心。清乾隆四十七年

（1782年）的《广育祠碑记》上记载："祠于大阳泉为中央"。阳泉街位于该轴线上，将轴线上的重要公共建筑串成一线，形成大阳泉村的公共生活轴线。据村民回忆，当年街道两侧都是商铺，是村民集会、交往的场所。现在人们称其为阳泉街（图2-6）。阳泉街不仅作为空间轴线、生活轴线，还是地势上的分水岭。在大阳泉村中，阳泉街以南地势低洼，湿气很重；而阳泉街北侧，则地势高爽，阳光充足（图2-7）。

图2-6 阳泉街和牌楼巷形成的村落骨架

图2-7 阳泉街和牌楼巷

大阳泉村的另一轴线是连接以北岭坡的主峰和在大阳泉村中所能看到的南侧最高峰的轴线，这条轴线从北到南有北岭坡主峰、广育祠、五龙宫和南侧山脉主峰。根据村民描述，在北岭坡上还有一座楼阁，名为云日楼。这一轴线是清代早期人工营造完成的。嘉庆二十年（1815年）《重修五龙宫碑记》载：“至乾隆二十一年，移建于此。祠院凿池深丈许，嘉水潺潺，鲜鱼泼泼，号龙池焉。”可以确定，到清乾隆年间，五龙宫才搬迁到现在的位置，与广育祠共同构成村落的南北轴线。村落的另一重要街巷牌楼巷，向东偏离轴线，并与之平行。阳泉街和牌楼巷是大阳泉村中使用最多的两条街巷，是大阳泉村的空间主干骨架。我们还可以发现在村落的布局中另一有意思的做法：大阳泉村中的重要历史院落，并不以村落布局的南北轴方向布置院落，而是有各自的轴线，但各个大院的轴线都交汇在南侧可以看见的最高峰处（图2-8）。

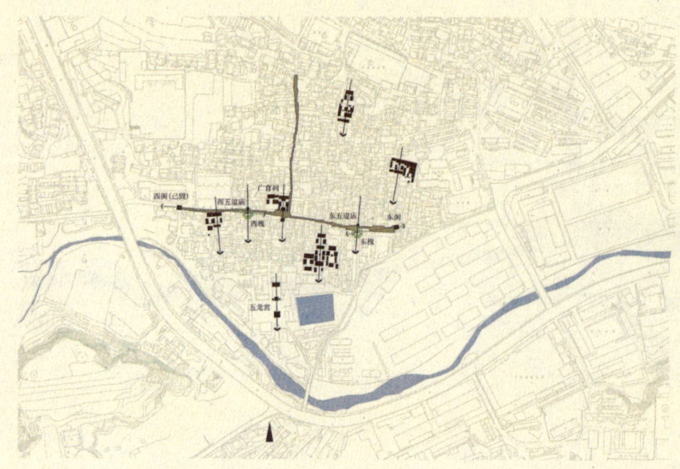

图2-8 各院落轴线交汇

轴线布局并非大阳泉村落布局的特色，在一般的历史村落的布置上，都会考虑以山峰作为参考坐标进行轴线式布局；十字交叉的轴向布局也不为少数。大阳泉轴线布局的特殊之处在于不仅在总体布局上充分考虑了与自然的结合与对话，更在村落内部，运用公共建筑、古树等要素突出与自然的结合。

东西轴线上，真正与狮堖山主峰在同一直线上的，是东西两阁、五道庙与古槐之间形成的空间，以及广育祠山门和戏台所形成的空间。轴线上建筑单体也许不是最出色的，但这些要素通过人工组织后，产生了不可替代的意义。通过测绘，我们发现，东阁正脊的中点与狮堖山主峰峰顶以及东南高地的高点在同一直线上，整个阁楼以东、西为主要立面，下层的拱券与立面并不垂直，其轴线交于东槐之上，东五道庙位于阳泉街北侧，与东槐正对；东槐与西槐则恰好以广育祠的轴线为对称轴。由于历史原因，阳泉街上的西阁已经不复存在，通过村民的回忆，以及西五道庙与西槐的关系，我们可以推断西阁组群的布置形式与东阁组群是类似的。广育祠前广场则是东西轴线与南北轴线的交点，是阳泉街上的重要空间（图2-9）。

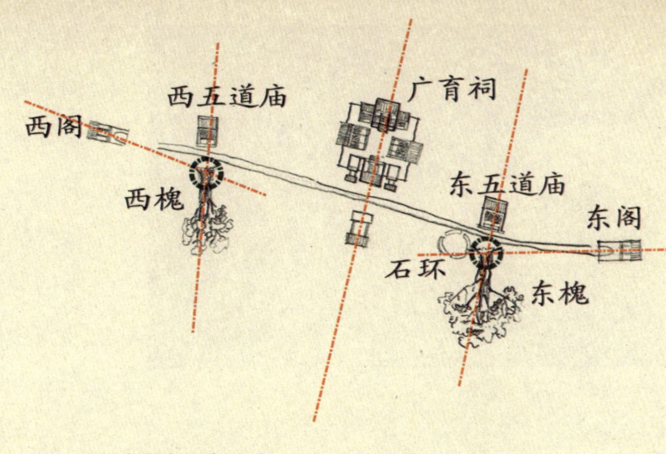

图2-9 阳泉街各要素关系

三、传统风水观念对空间形态的影响

在通过山体和自然要素所形成的空间格局框架下，村落还需要通过一系列的方法取得内在的平衡。在大阳泉村的营建中，就运用了五行的原理，寻找和调节秩序与平衡的方法，以获得村落人居环境的平衡。世界原本的东南西北中的五行秩序并不能满足人世的中庸之道，因此，大阳泉村为了取得中庸的人道，对村落的五行秩序进行了一系列的调节。由于精神需求上的调节手段最终会落归于物质，所以才得以形成我们现在所见到的大阳泉村。

大阳泉村在历史上，是南侧多泉的湿地，如今阳泉街以南仍然阴湿。由于义井河从村落南侧经过，每到汛期，必有水患，所以村民在村南修建五龙宫，希望能管理水泉、河道，同时也加强了五行中水的属性，以克制南方朱雀属火的自然属性。

北侧是干爽向阳的坡地。村民在北岭坡最高处修建了云日楼，一则为了强调南北轴

图2-10 东槐树下石环

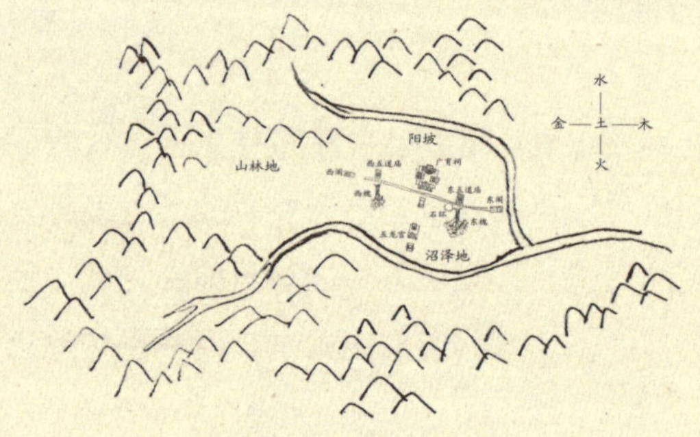

图2-11 大阳泉空间结构与认知形态平衡的示意图

线，二则以楼的形式，克制北侧代表寒冷的玄武，单从这座楼的名称，我们也能理解其含义。在五行象征中，不同的形状和建筑形式，所代表的五行属性是不同的，楼代表了火的属性，加强了大阳泉村北侧阳的属性。云日楼与五龙宫相似，是通过加强场地本身属性的方法，“调节”村落在心理上的宜居程度。

东向的自然属性为木，大阳泉东方有东槐，属性也是木，东方的木属性太强，因此，在东槐树下修建圆形石环水池（图2–10），圆形在五行中属金，石头的属性也是金，以此克制过于旺盛的木气。另外，从大生堂井中流出的泉水，经过阳泉街，流到圆环，可以滋润东槐，保持木气受克而不衰竭，达到东方五行的平衡。

西方则由于有自然的平衡而不必多加处理。西方本来属于金，是克木的属性，但由于大阳泉村西是大片山林，木气很旺，又加上西槐这样的上千年的“神木”辅助，形成强大的可以反侮金的木，从而达到平衡。

中部的自然属性为土，在大阳泉村，两条轴线交汇处的广育祠为大阳泉的中心。清张佩芳《重修广育祠记》中记载“祀高禖则主青帝，为位于高禖坛上，以太昊配”，可知广育祠供奉的主神是掌管东方的青帝，属木，以克制中央的土，但克制的同时，也不能让土的属性过弱，因此，配太昊，即掌管中央、属性为土的黄帝，如此保证中央的五行平衡（图2–11）。

通过对四方和中央的五行平衡，大阳泉获得风水的内在平衡，也形成一套完整的动态物质环境。今天我们仍能感受到古人在村落营建上表达的文化、社会观念，以及他们对这些观念的认识。如果这种平衡的思想继续延续在村落的建设中，一旦某个方位的五行失去平衡，就会相应的改变其物质环境，以达到一种平衡状态。

四、街巷空间格局

图2–12 大阳泉道路结构图

大阳泉街巷的空间结构由东西向的主干阳泉街、南北向的主干牌楼巷和其他十四条南北向的支巷，以及一些东西向的支巷共同组成，所有的南北向的支巷都与阳泉街相交，阳泉街是村落空间的主轴。

从道路结构图上可以看到（图2–12），村中东西向的联系较少，除了阳泉街，其他东西向的街巷都很短，而且不能贯通整个村落。不少村民还习惯地认为东西向的支巷是与之相连的南北向街巷的延伸，而非独立的街道。可见，南北向的街巷与阳泉街主要组织架构了大阳泉的空间，其他的东西向支巷是适应和调节建筑尺度的结果。

由于院落与街巷空间之间相互关联，在讨论街巷空间之前，先要交代大阳泉的院落形式。根据院落群的形态，可以将其分成两类。一类按进深方向发展。单院按照轴线的方向组合布局，院落群的进深远大于面宽。张穆故居就是这类的代表（图2–13）。另一类按面宽方向发展。单院按照与轴线垂直的方向组合布局，院落群的面宽尺寸远大于进深尺寸。山西的众多院落都有这类特征（图2–14）。它与窑洞的使用有密切联系。靠崖窑为正房的院落只能跟随山体崖壁的走向，横向组合布置。人工修建的锢窑则为了节省人力物力，也会尽量修建多孔窑洞。但限于古代的等级体制，三孔窑洞，就要为一个单院，所以横向布置的院落群，在大阳泉村中十分多见。张家老院是第二类的代表。

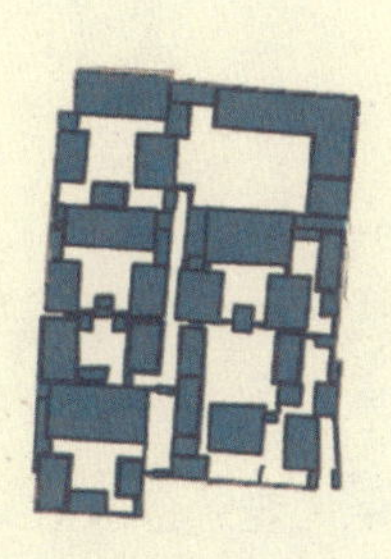
张穆故居（向进深发展）

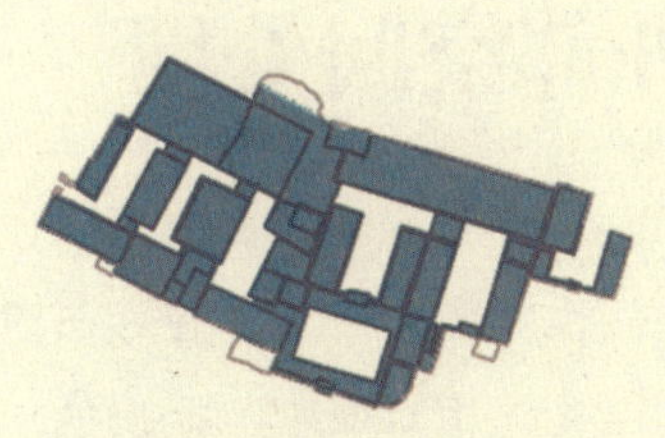
张家老院（向面宽发展）

图2–13 进深方向生长和面宽方向发展的院落

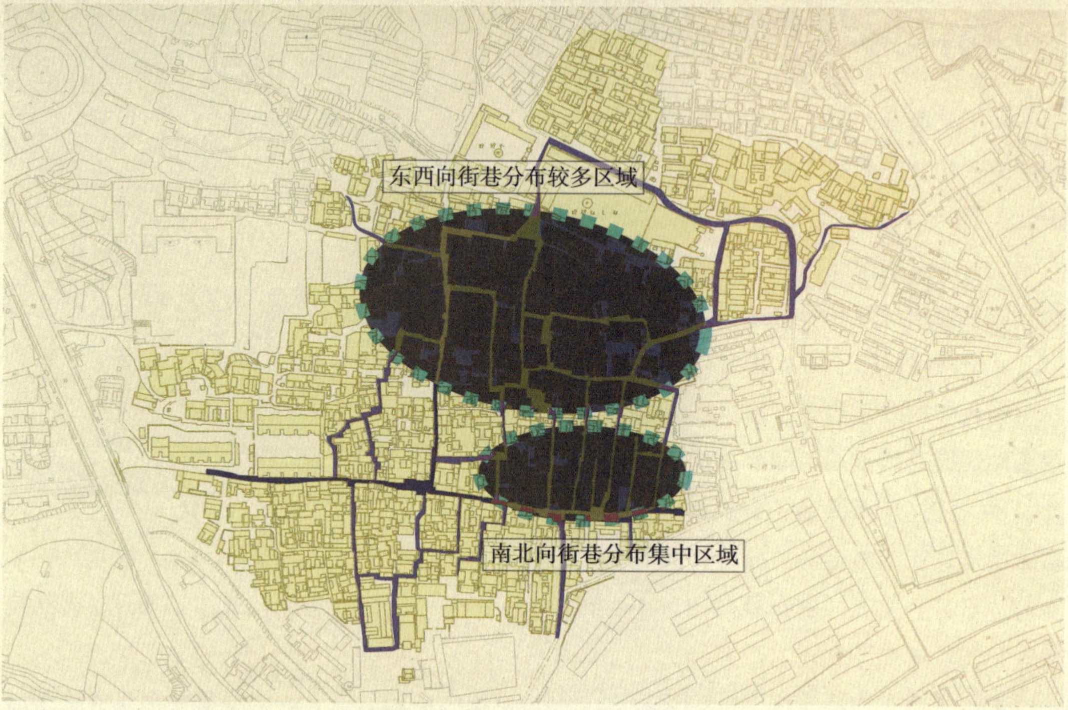

图2-14 不同类型院落群的分布

因此，第一种类型院落群分布相对集中的区域内，出现了较多南北向的支巷，这些巷道相对转折少，支巷与支巷的间距小，相邻的两条支巷间的距离在20米以内。第二种类型院落群相对集中在北部区域，出现多条东西向的支巷，南北向的支巷也多转折（图2-14）。

五、外部空间处理

大阳泉外部空间可以分为两个层次。第一层次的界面为墙面，它所围合的外部空间形态相对稳定，即在院落形成后，外部空间也就随之产生，在较长时间内是不可变的。单纯分析第一层次的界面，大阳泉村的空间结构是相对清晰、明确的。但实际调查，以及在调查后对大阳泉村空间的整理中发现，很多空间的实际效果和功能与分析第一层次的空间所得出的结果有很大差别。例如，在大生堂东南角的一处，通过分析第一层次空间，这里是一个相对开敞，可以满足人们公共活动的场所。场地的东北角，是用于联系两个院落的相

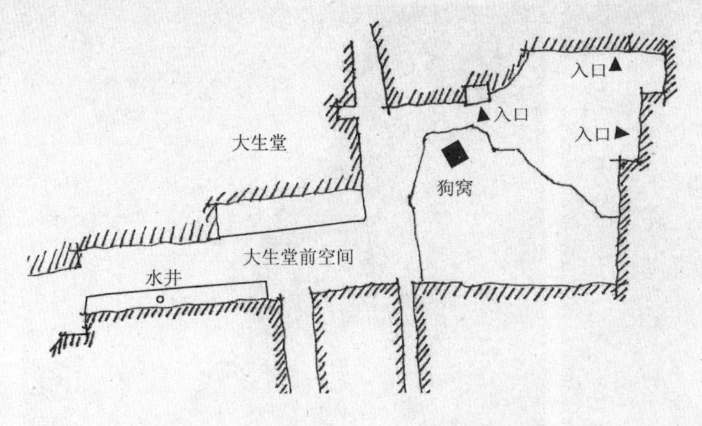

图2-15 大生堂前巷放大空间

对半私密空间，场地大部分地方是堆土小高地，与大生堂巷地面高差在1.5米以上，高地北端，接近东北角半私密空间的入口处，搭建了一所茅草棚，里面养着一只黑狗。只要有人从这里经过，黑狗就会报警，增强了主人对东北角半私密空间的控制（图2-15）。因此，对大阳泉的外部空间形态及功能的分析，需要加入第二层次。即在第一层次空间内部存在的诸如台地、地面铺装、树木等众多要素的影响。这些要素往往是相对自然的或者可变性强，像土堆、居民临时堆放的杂物、茅草棚等。它们不会影响第一层次空间的形态。而由于第二层次要素的存在，大阳泉村的外部空间才会产生丰富变化。第二层次要素根据第一层次空间的形态，相应变化。如第一层次为线性空间，第二层次要素也会按照线形分布。在大阳泉村中，第二层次要素对第一层次空间的形态和功能起到了重要作用。

六、典型街巷

1.阳泉街

大阳泉村由10余条街巷构成，其中以阳泉街为主干形成鱼骨形构图。宣统三年《村中公议捐款修理街道布施碑记》描述，阳泉街长一百二十丈（399.6米），宽八尺（2.7米）有余。实地测绘的结果，阳泉街从东阁到西阁遗址共长360米，街道最窄处宽为2.4米，基本相符。阳泉村民自撰的文稿中记载，阳泉街给人的印象是道路整齐有致。而实际上，阳泉街作为整个村落的公共活动轴线，沿街建筑参差错落，空间收放有度，整条街巷更具生活化性格，空间丰富，层次多样（图 2-16、图2-17）。

图2-16 阳泉街

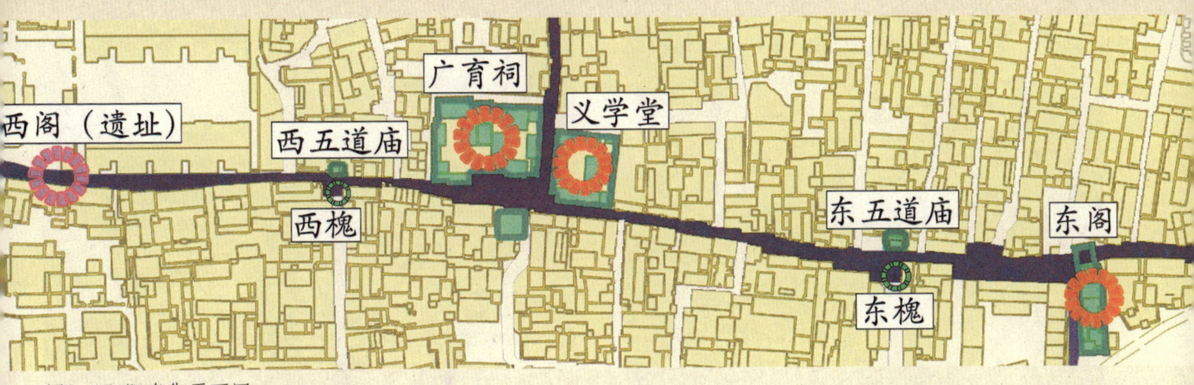

图2-17 阳泉街平面图

从东阁进入阳泉街，就能隐隐看见民居背后的东槐。沿着石板路向西大概100步，就是一个相对开阔的小广场。空间呈长方形，两侧的建筑高四五米，最宽处大约11米。小广场东南角，就是东槐。槐树枝上挂着新的、旧的、深深浅浅各种红色的布条。很明显，是村民祈福用的（图2-18）。穿过这个小广场，依然是宽约2米半的巷子。铺地虽然平整，但还是有深有浅。两边的建筑不算高，但挤得紧紧的，让人觉得并不轻松。街上人少的时候，还能听到行人脚步的回声。跨过两条支巷的岔口，又是一个宽敞的空间。东面，南北各有一条巷子，靠着巷子的是广育祠，山门在北，戏台在南。前广场南北向虽然也就十来米宽，但因为建筑不高，才显得疏朗。这里人来人往，早、晚会有一户人家在戏台前摆个油条摊子，或者是修鞋的、卖爆米花的在广育祠的台阶下等着上门的生意（图2-19）。每逢庙会，戏台上演起梆子，村里的老老少少都来了，就连广育祠山门的钟鼓楼上都站着人。虽然广育祠广场面积非常小，可只要有重要庆典，村大队还是会选这里。广育祠广场往西，仍然是窄巷子。有时候中学生们骑着自行车，从这里叮呤哐啷经过，那感觉真像老电影。要是小面包车来了，行人要么躲进小巷子，要么退回广育祠来。小面包这不起眼的家伙，在这里变得霸道许多。沿着巷子往西，大概六十步，西槐就会突然跳到你的眼里。粗壮的树干挤在墙根一侧，就像是大胖子穿了一条不合身的裤子（图2-20）。街北面的五道庙色彩艳丽，像是老太太上了胭脂。老庙和老树守在一起上百年了，一直没有分开。虽然古槐和五道庙组合显得有些局促，但却事关了整个村落的风水。古碑上刻有："阳泉村西古有五道神祠庙，前有古槐一株，高数丈，大十围，系姚氏所植，培养多年，方成此材，庇阴一方，诚风水也。"无论世道如何变化，它们也都彼此不离，守护着大阳泉。

东槐和西槐处，都有一条南向北的巷子与槐树相对。不论这设置与风水是否相关，两

图2-18 东槐

图2-20 西槐

图2-19 广育祠戏台前

棵槐树已成为了重要的空间节点，成了街巷空间的标志。穿行在阳泉街上，树枝时隐时现，增加了空间的趣味，使阳泉街具备了独特的历史文化价值。

2.牌楼巷

牌楼巷是大阳泉南北向的主要道路。它联系了阳泉街与村落北部重要的堂号。牌楼巷北高南低，高差达8米多，巷长210多米，宽2.4米左右。牌楼巷为南北向的街巷空间，界面由院落围墙、建筑山墙和建筑后墙等组成，界面高低错落，形态活泼多变。牌楼巷上，有五条东西向的支巷，是连接各个院落的通道。有的院落与牌楼巷直接连接。整条巷子微呈“S”形，空间围合的宽高比在0.46～1.0之间，行走其中，空间缓急变化，景观视线柔和转折。砖、石界面材质结合有致，是一条具有历史情调和审美情趣的街巷（图2—21）。

3.其他街巷

大阳泉以南北向的街巷居多。这种空间形态与院落形态相互影响。街巷尺度多在2米左右，而建筑高度一般都在5米左右，空间围合感强烈，方向性明确。街巷的形态结合地形的变化，强调通行、防灾功能。界面的错落有致，材质的丰富变化，以及院落入口空间与街巷空间的结合，形成了丰富的空间体验。这些巷子

图2—21 牌楼巷

冯家巷

张家巷

郗家巷

兰家巷

图2-22 其他支巷

有的疏朗，有的紧张；有的是路漫漫，走也走不完，有的则是干净利落不过百步。正是这些街巷丰富了大阳泉的外部空间，与阳泉街结合，形成了主次分明的空间结构（图2-22）。

七、院落入口空间

入口空间是院落与外部空间的联系空间，这决定它的空间属性介于两者之间。根据入口空间的位置，我们将其分为三类：外化入口空间、内化入口空间和消解化入口空间。

外化入口空间是指入口空间与外部空间相对独立，但位于外部空间结构之中。入口空间一般通过院落的大门退让围合形成一次界面，再通过台阶、坡道、围栏、矮墙，以及植物等二次界面限定，产生与街巷等公共空间的区别（图2—23）。

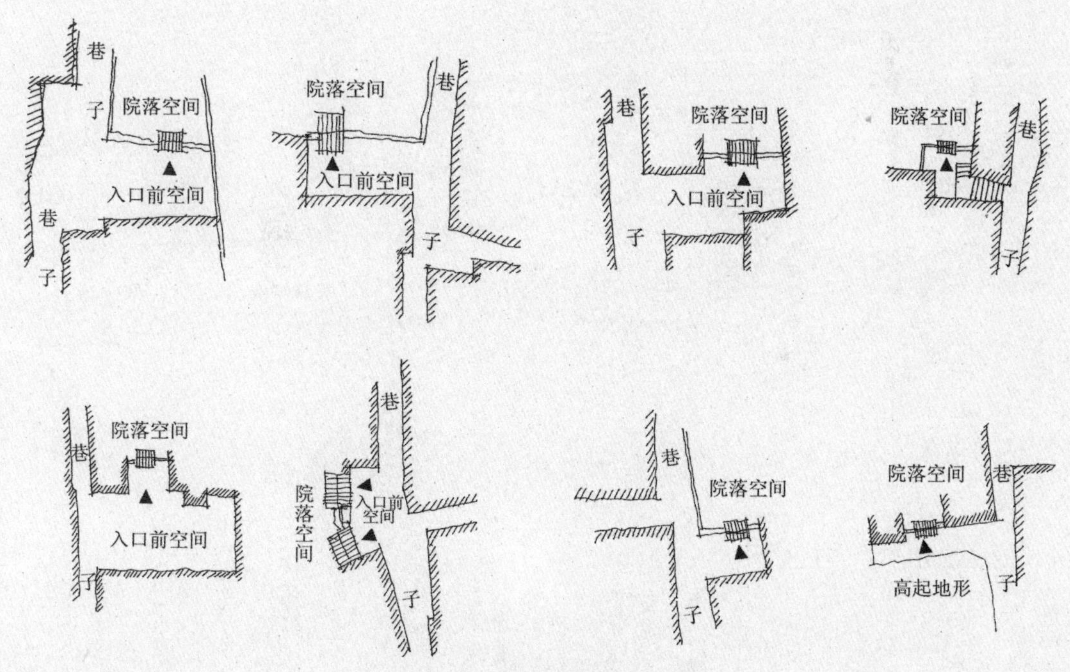

图2—23　外化入口

内化入口空间是指入口空间属于院落空间，与合院的空间又有明显区别。这种空间由院墙与院门组成，并且通过轴线的转折，完成空间的过渡（图2—24）。

消解化入口空间则是没有院落与街巷的明显过渡空间。院落与街巷直接相连。但这种类型在不同街巷上，形式有所区别。在阳泉街上所见的，通常入口进深很大，也可以理解为过渡空间溶解在建筑内部空间中。在人流不多的支巷中，有的就是直接的门洞，可以理解为将支巷本身作为由公共向私密转化的空间，而取消了单独的入口空间（图2—25）。

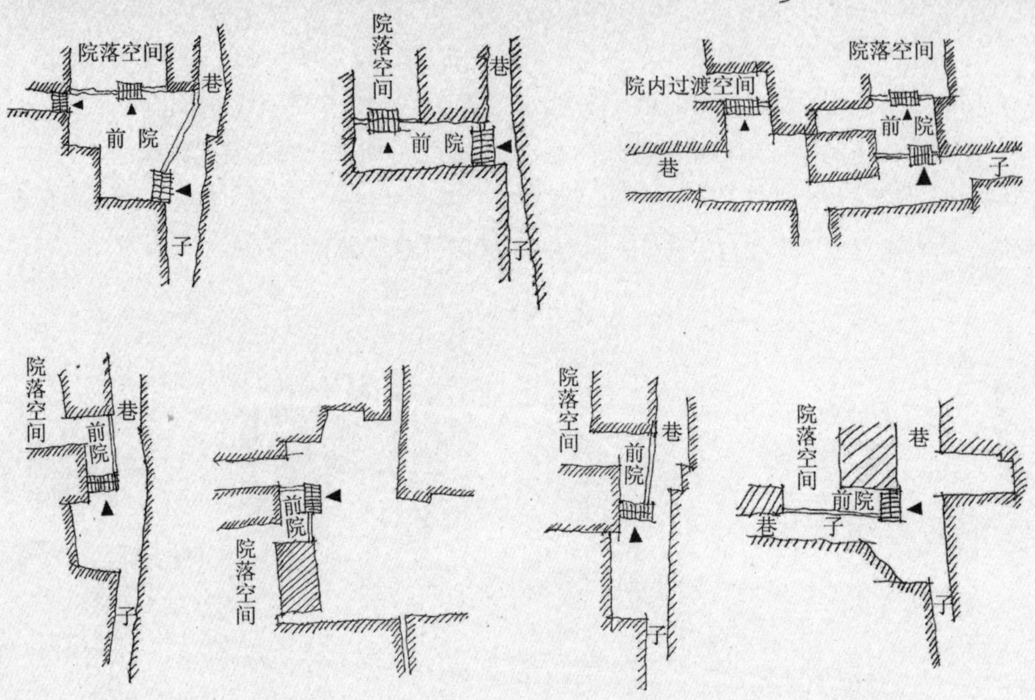

图2-24 内化入口

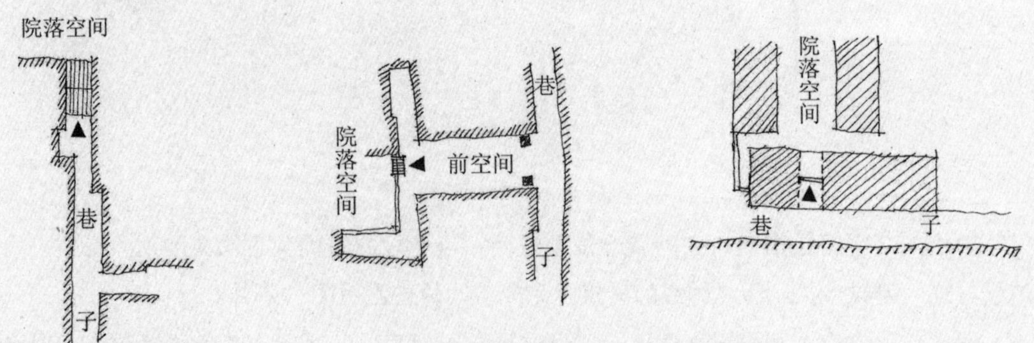

图2-25 消解化入口

第三章

居住建筑

JUZHU JIANZHU

一、概述

公共建筑对于大阳泉村的整体结构起着至关重要的作用，但真正体现和展示大阳泉曾经的繁荣与富足的却是占绝大部分的居住院落。现如今保存较好的居住院落大多分布在阳泉街以北的阳坡上，占尽上风上水。高挑的门楼，繁复的雕饰，厚重的院墙，无一不是在诉说主人的显赫与富有。众多堂号中，声名最响的要算村北的魁盛号。街南也有庭院深深，可味道全然不同。以大阳泉人最引以为豪的张穆故居为代表，疏朗的庭院仿佛建来就是为了研墨提笔、吟诗作对而用。村北的富足与村南的悠然，一起讲述着大阳泉的历史。村民中流传着这样的说法：大阳泉自古就以阳泉街为界，北侧高爽，南侧低泽，阴阳在此交汇。与此相呼应，大阳泉北部多商贾大院，南侧多儒生住所，两者相融形成了古村亦商亦儒的文化氛围。

村内堂号院落群多注重安全。这些家族家底殷实，为了保卫财产，就将院墙修得高些，院落布局也相对紧凑。有的大院还修建暗窑，窑中挖井，以防不测。村落南部的院落由于地形和资金等所限，规模一般较小，窑洞建筑相对少，建筑表现得轻巧一些。张穆故居更是表现得超然洒脱，院落干净利落，装饰也不冗繁，表现出文人孑然一身、两袖清风的气派。同时，为了供奉祖宗先人，以求得生意、人事的安稳，院落群中多有祭祖院或祭祖堂。

院落布局受到窑洞的影响，多横向组合。北部窑洞院院相通，一般核心院落布置在中间，依次向两侧展开东西院及偏院。在纵深方向上依次递进，最尽端通常为正房窑洞。

大阳泉院落组织形式相对固定。正房多是平顶的窑洞，厢房多坡屋顶木结构房屋，倒座则可有可无。院落与院落按照纵向、横向，或者纵横兼有的形式而组合。院落与院落之间，以及院落与外部空间之间的联系，则会因地制宜、见缝插针地处理成富于变化的空间。

大阳泉村的宅院多体现风水理念。如果院落的入口开在西南角，院落中相应的位置，一定有高起的角楼。村民称之为文昌位，确保整个宅院的居住环境。每个院落当中，也都还有倒扣的瓦缸用于镇宅。这些反映了大阳泉村人对美好生活的希望。大阳泉的院落留给后人的是丰富的空间、精美的装饰和美好的涵义。

二、典型居住建筑

1.魁盛号

(1) 整体布局

魁盛号坐落于大阳泉村北、北岭阳坡之底[1]（图3-1），是清代巨商郗永寿[2]的大院，它作为平定州最大的商号，见证了郗家一百八十年的沧桑。因郗氏家族严于治家，怜贫惜弱，赈灾济贫，乐善好施，魁盛号大院于光绪二十六年（1900年）被御封为“都悃府”[3]。

图3-1 魁盛号鸟瞰

1 这里所介绍的魁盛号，是始建于清乾隆年间的郗家宅第，多拆损，只保存基本原貌，现为当地居民使用。

2 郗永寿（1881～1919年），字介眉，魁盛号第四代传人，生于光绪六年，卒于民国8年（1919年）11月。

3 出自村中口碑。该匾额为立式匾，曾在庄园大门悬挂，于1947年被砸毁，有众多村人目睹，有几位村老传及此事，背诵匾面。

魁盛号大院在修建之初就曾名噪一时，请阴阳先生看风水，招精工雇巧匠，大兴土木。院落顺山势而建，坐北朝南，占地约60亩。环院围墙为特号蓝砖砌成，高两丈，长约三四百米。遥望大院全貌，形似元宝，因而又得名“元宝院”。

院落整体布局考究。岁月变迁，当地居民根据实际需要进行了扩建和改建，但院落格局仍然清晰可见（图3–2）。

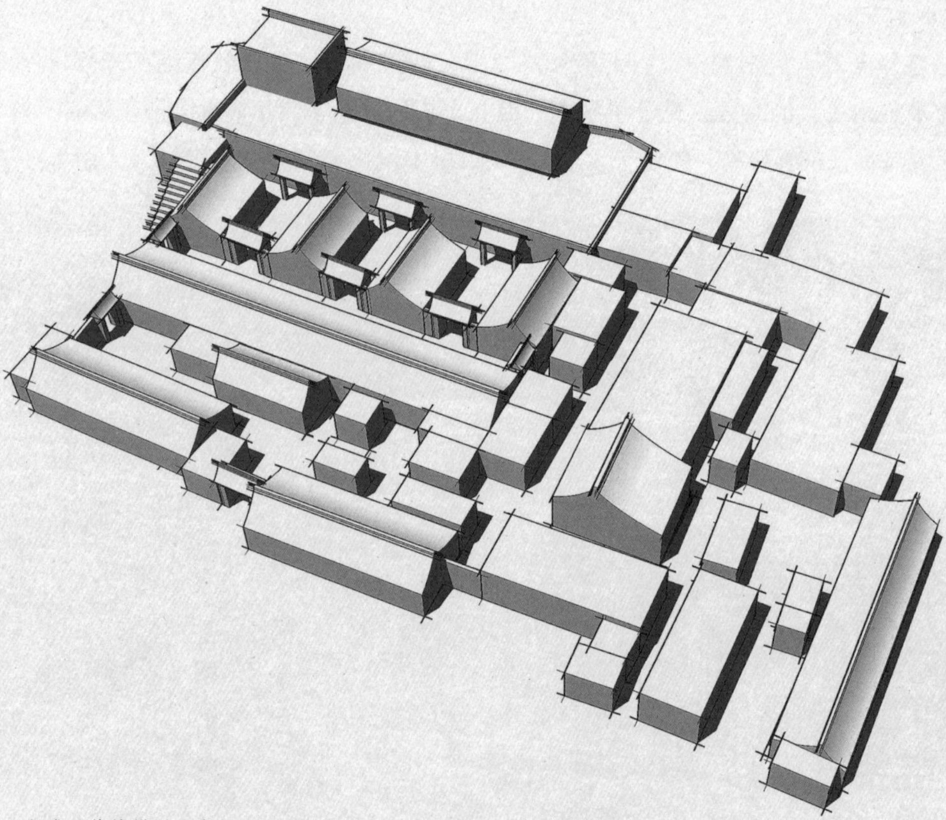

图3–2 魁盛号体块模型示意图

大院主体由主窑院、配院、旁院和“龙廷”组成。主窑院由东、中、西三院并联而成，其中中窑院的正窑为郗家祠堂。东、西主窑院皆为三合院，各有三眼正窑，以中窑院中轴对称。东、西主窑院各有东、西配房三间。配院分踞东、西主窑院两侧，东配院又有两眼正窑。以主宅正窑后墙为基，顺坡而上，建有高房七间，名曰“龙廷”。“龙廷”

两侧为东、西槐荫厅，俯对正前东、西配院。

据当地老人回忆，魁盛号院落布局十分讲究，曾有大门、二大门、三大门、中阔门等门户共72道，门门相通，院院相连。院门根据需要打开或关闭，形成各自独立的小院空间，互不影响。宅东南角有城门式门楼，供车马物资通行，其他方位还设有屏门走通宅外。

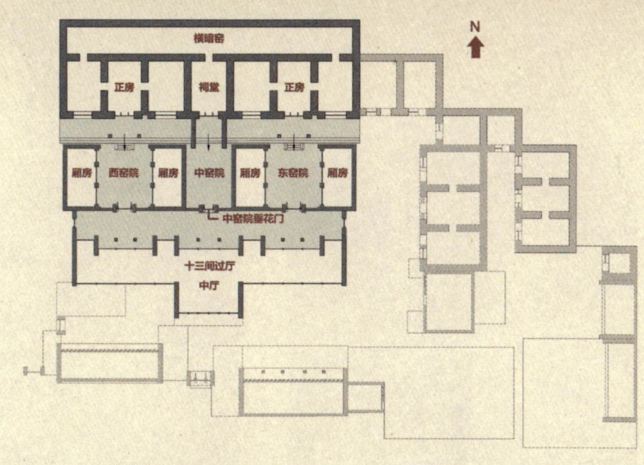

图3-3 魁盛号一层院落平面图

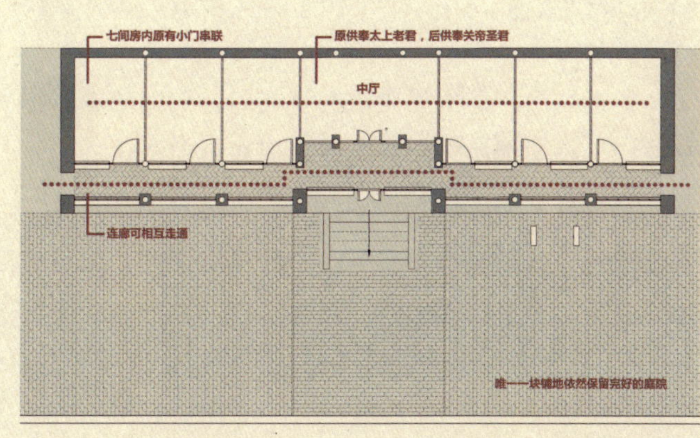

图3-4 魁盛号二层“龙廷”平面图

(2) 空间分析

院落作为没有屋顶的封闭空间，本身是不具方向性的，但是四周建筑不同的围合使得院落具有各自独立的形式、空间及功能，而院落的存在又使得建筑呈现出向心、并列等布局特点，建筑与院落构成了空间和谐统一的整体。始建于清朝的魁盛号大院，院落组织关系已日趋成熟，营造样式堪称典范（图3-3、图3-4）。

魁盛号大部分的院落都被高高的院墙围合，隐隐地只露出鳞次栉比的屋顶。虽然有些破败，但仍能感受到当年的清幽雅致。在宅院的二门处，曾有两尊威风凛凛的石狮，守着门头高悬的“都悃府”烫金竖匾。而如今，仅剩下锈迹斑斑的门面与老宅相伴（图3-5）。门内石甬道形成的空间纵深感，增强了魁盛号的神秘感，让人免不了时时猜测甬道后面的故事。

与门外看到的高墙不同，院内别有洞天。近乎于完美的石雕艺术品描绘着一幅又一幅景象：丹凤朝阳，喜鹊登梅，双龙戏珠，牡丹祥云，线条优美流畅，意含吉祥美好。

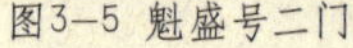
图3-5 魁盛号二门

图3-6 横通东西的走道

图3-7 十三间过厅中厅

甬道的尽头是木雕典雅的垂花门，砖砌仿木结构，前飞椽，后禧椽，做工精细。进入垂花门，一条横通东西的走道展现在眼前。这是通向各主院的必经之路。走道将院落分为南北两部分。南面是东西向的十三间过厅（图3-6）。硬山双坡挑檐式屋宇，砖砌石柱直接屋檐，中间配有木柱支撑。中厅宽敞明亮，正对中窑院，十二间过厅分居两侧。过厅是过渡空间，亦是待客之所。每逢节日，中厅兼做戏台进行表演，两边的过厅招待客人（图3-7）。北面是三个并联的主窑院，亦是全院的核心部分。

（3）中窑院——沉睡中的神秘

中窑院是郗家祠堂，气氛与别处明显不同（图3-8）。硬山双坡的屋宇形式，木雕精美的门楼垂花（图3-9），形象逼真的墙基石刻，分列排布的幽静素竹，自然轻快而又不失肃穆庄严。

在魁盛号所有门之中，中窑院垂花门的做工和装饰是最为考究精美的。它位于魁盛号大院的中轴线

图3-8 中窑院门楼

图3-9 垂花细部

图3–10 中窑院门楼正面

图3–11 铁门环及铁栓

上，向外正对十三间过厅，向内正对中院正窑，抬头可见二层的“龙廷”。垂花门采用双坡砖木结构，宽1.38米，两侧的砖石门垛墙向前突出，使得檐下形成灰空间，增强了空间的层次感。门垛左右两侧石基分别雕有牡丹图案，象征富贵吉祥。檐口外伸出挑，檐上瓦当做工精细，精美异常。莲花桃垂柱、雀替皆为木雕中的精品。凹凸变化使得大门在阳光的照耀下光影变幻奇妙，富于韵律，原本静止的空间因光影瞬时的跳动而产生变化（图3–10）。

木门上并无过多的雕饰，两个并列的铁门环，一根横插其中的古铜色铁栓，与之相伴的还有年久的裂缝，斑驳的铁锈，以及那尘封于此的往事（图3–11）。似乎此时的游人就是寻宝者，要想深究隐藏百年的秘密，先要找寻解开束缚古宅的咒语。

图3–12 中窑院院落内部

院落内杂草丛生，房屋破败（图3–12）。即便如此，眼前的祠堂仍难掩当年的辉煌。墙基青石刻花，墙面庄重肃穆。两侧厚实的砖砌门垛墙直接屋檐。檐下三层斗栱，依次向外出挑，使得檐口向外出挑达1.2米。斗栱之上有砖泥烧制的龙头垂花，这是全院中仅有的两处龙头垂花之一，另一处在“龙廷”，可见祠堂的重要地位。

（4）东西院——精巧中的华美

东西主院皆为三合院，正房三眼正窑，东西厢房各三间。斗栱飞檐，砖石木雕，工艺精湛，建筑考究。曾分别居住大东家和二东家。

正房的三眼正窑与东西厢房围合成“T”形院落，台基与庭院地面通过3级台阶相连。院内原为青砖铺地，现已被当地居民加铺多次。儒家思想中的“君君臣臣父父子子”，在此得到重要体现。东西主窑院的正房为“君”，为整个院落中最重要的部分，占据了全院最好的朝向及最重要的位置；东西厢房为“臣”，厢房的门宽、屋檐高度均小于正房，没有设置台基。

正房挑檐形成典型的“明柱厦檐高圪台”。这是古时村民对村中较为富裕人家彰显身份建筑的形象描述。明柱，与隐于墙内同样起承托屋檐荷载的暗柱相对，是指露出来的独立的承重柱；厦檐，即为屋檐，通常设在檐下廊，遮风挡雨。厦檐上部与女儿墙相连，女儿墙的高度一般为1米左右，兼做上院的围栏；圪台，为高于室外地面的房屋台基，不仅承担着房屋荷载，连同自身荷载一起传给地基，同时也避免了雨水对墙面的侵蚀作用。圪台高度一般为1米左右，通过与正房相对的台阶与地面相连。

东主院的“明柱厦檐高圪台”结构已毁，西主院依然保存完好。

图3－13 龙头雕花

西主院正房三眼正窑为一明两暗形式，均为单窑洞。原来为中间开门，两侧开窗，现在由于分为两户，而在东西两间开窗处打通成门，供人进出。三眼正窑之间用石墙砌封。正中窑洞外接单坡厦檐柱廊。檐口和脊均高于两厢房。院落由外向内逐渐升高，称为“连升三级”，寓意家族兴盛、人才辈出。两侧明柱上部与厦檐由窑内墙壁上伸出的短梁固定，柱尾直接落于台基的石质柱础上。柱间额枋彩画虽经岁月的洗礼，仍可见当年的精美。厦檐脊饰采用龙的造型，这种做法在民居建筑中并不多见，由此可见郗家的气派（图3－13）。东西厢房皆为硬山双坡屋顶，两侧厚实的砖砌门垛墙直接屋檐。檐下居中双开门，左右直棂槛窗，无过多装饰。

东中西主窑院相对的七孔正窑，背后有横暗窑。其中中窑院正窑直接与暗窑相通，东西窑院三眼正窑中，端侧正窑与暗窑相通。暗窑的设置有效地起到了防潮隔水的作用，其内设有节井水道，清澈见底的井水，甘甜可口，至今仍被使用。关于暗窑，村中流传着一个说法，说这就是东家金银珠宝的秘密藏身之处，但并无实据可考。

院落的整体布局是按照中心轴对称布置的。但在单独的院落中，却有着固定的形制。东、西主窑院的神龛（图3—14）都位于中窑客厅与东卧室之间的墙上；另外，通往暗窑三个门中，东门与中门是正常尺度的大门，而西门却是一个只有一尺多高、位于墙根处的洞口，想必这西侧的小洞口，昔日有其特殊用途。

图3—14 东窑院神龛

平日里，主窑院是东家穿行、采光、纳凉、休息的场所。二门内各院正门不开，自成内院，而在主窑院中设平门，可相互串通。

旁院主要为服务用房。东旁院有正窑两座，与主院窑洞相连。东房十余间，西房五间，为日常生活服务，如大厨房、女厨房、长工房、库房及驯养牲口场所。西旁院有大小瓦房十三间，为郗家私塾学堂。

(5) 泥巴墙——隐藏着的秘密

泥巴墙是与主人隔道相望的一堵墙，静静守望着东、西主窑院。

整座院落中，主窑院是昔日东家活动居住的场所，亦是如今最受居民欢迎的地方。平日里大家都喜欢坐在院子里晒太阳、唠家常。然而一条走道隔开，两侧的情景却迥然不同。这堵由泥巴糊成的墙后面，就是昔日最为热闹的十三间过厅么？想像着曾经的辉煌，驻足于现在的景象，心中的感觉说不出来，却可以真真切切地感受到。

泥巴墙没有一通到顶，而是在屋顶交界处，留下了约30厘米的距离。爬上墙角的煤堆，透过满是灰尘与蜘蛛网的缝隙去探究内部的秘密，一排门与窗相连的立面展现于此。细致依然，精巧犹在，与外面的泥墙形成鲜明的对比。

泥巴墙，雨水冲刷的印记见证了它的古老，墙上留下的柱痕说明了它的结构，与三大主院相对的位置诉说了它的辉煌。

(6) “龙廷”院——仿皇室之“七梁八柱九脊顶”

通往“龙廷”的路共有两条：一条为西主院与西旁院之间的台阶，可以通过西槐荫厅直接进入“龙廷”的前院；另一条要从宅院的大门外绕院落半周，从其后门进入“龙廷”院落。其中第二条沿着青石板路顺势而上。历史的变迁为其染上了沧桑的痕迹，但仍难掩昔日的荣耀。

“九龙廷”的名称因其以“明七暗九”的做法而得名。从外表看，龙廷仅为七间，但进入室内，则可见正厅中立有四根石柱将其划分为三开间，配上其他六开间，正好为九间。据悉“九龙廷”是仿照皇室而建。在封建礼制时期竟敢以“龙廷”自居，足见其显赫家世。

“龙廷”位于主院正上方，长二十余米，宽五余米，七开间，高大恢宏，庄重肃穆。屋顶为建筑等级仅次于庑殿的歇山式，九条屋脊，棱角分明，结构清晰。脊饰为龙头雕刻，精巧雅致。三层斗栱叠加，逐级外挑，形成较深的挑檐。檐下龙头垂花悬于正中横梁之上，结构严谨，玲珑精致。四根砖砌石柱直接屋檐，起到了主要的框架支撑作用，其间又兼用木柱保证结构的稳定性。木柱呈前后两行排列，形成前廊。石柱基石均为青石雕刻，尺寸之间表现人物花草、山水松鹤，雕琢精美，构图奇巧，线条刚柔并济，恰到好处。

四根石柱将“龙廷”分为三部分。当心间宽敞明亮，原供奉太上老君，后于郗若梅时改供关帝圣君。相传纯金铸造的关帝坐像，雍容雄美。东、西房各三间，曾供奉诸神。七间房内各有小门串联。当心间部分内排四根木柱后移约70厘米，形成较为开敞的空间，既为当心间与室外的过渡，亦是东、西前廊的交汇处。

“龙廷”是惟一一块铺地依然保留完好的庭院。院前的围栏即为主窑院女儿墙的一部分。镂空的十字砖花，使得原本厚重的围栏变得纤巧灵活，处处体现着民居建筑的情趣。

东、西槐荫各三间。门前为高大浓郁的唐槐绿荫，清雅幽静。居高临下俯瞰全院，整体院落呈方格网布局。鳞次栉比的建筑，呼之欲出的瓦饰，布局严谨，为人称道。

郗家人一直继承着村中风俗传统。每逢重大节日，必会先拜关帝后拜列祖，激励后人。通过隆重的祭拜仪式，不仅表达他们对先人的敬仰和哀思，更是对家族思想观念的巩固和强化。

（7）后期的魁盛号

后期随着家族的衰败，魁盛号大院被分块变卖，兴盛一时的魁盛号就这样关上了辉煌的大门。1947年阳泉市解放后，曾在魁盛号大院组织军工生产。期间拆除了原有部分古墙，在其外缘新建砖墙，建筑的完整性受到破坏。后魁盛号改为市委培训干部基地，并于1953年组织扫盲运动，半年时间里先后培训八百余人，为全市的扫盲运动作出了积极的贡献。后改为民居，一直沿用至今。

2.张穆故居

张穆故居是张穆的居住地（见图3-15）。在这里他走过了一生，并完成了诸多著述。对于张穆故居渊源，其祖父张佩芳（1732～1793年）在《阳泉山庄记》中较为详细的记载[4]：

余祖父已来，僦居州之城。乾隆庚寅，始得大阳泉俗称花园者。亭一，池一，旧屋二区，杂木十余章，故白氏物也。方其盛时，车马填喧，宾客往来无虚日。多名花异草，擅一方之胜。其后家凋零，子孙不能守。余知歙县时，念亲老无所庇，因购得之，稍稍修葺。复购他姓废亭，移置于池北隅。颜曰："阳泉山庄"。戊戌春，余父母还自寿州居焉。每长夏，绿阴蔚然，泉流潺潺，不知有暑。吾父母安之，余亦喜其远城市，得以读书教子。顾自始有以，至今凡二十年，居此亦十余年矣。生计渐乏，力不能支。芜者未能治。坏者未能修。池亭竹木，阅月逾时，不暇一省视。默默自念，反似有此之为累。嗟夫！废兴，时也。若余所为，其废邪兴邪？凡物有之固难，能守尤难。而其缓急政自有辟，今使饥无以食，寒无以衣，未有不早夜图之者。至于园囿，抑末矣。顾不自忖度，极情纵欲，以为美观，并其所为治生子具，而尽殚之，非惑欤？夫以今日视白氏盛时，废矣！视余初有时，亦废矣。自兹以往，安知不夷为平畴，溉为蔬圃？然迨其已至于斯，而仍为我有，犹之垣墉朴斫之弗涂已尔，其基犹存也，室家梓材可作也。则余今日之废，安知非即所以为兴哉？遂书以记之，使后之人知所以守焉。

根据张佩芳的记载，这一院落原本是白氏所有，后张氏购得，并加以扩建修葺。据村民述说，张穆故居原是一座东西两串四进的大院，由于年久失修，现保存下来的仅有东院的三进。

4　其中所提"阳泉山庄"即为现在得张穆故居。

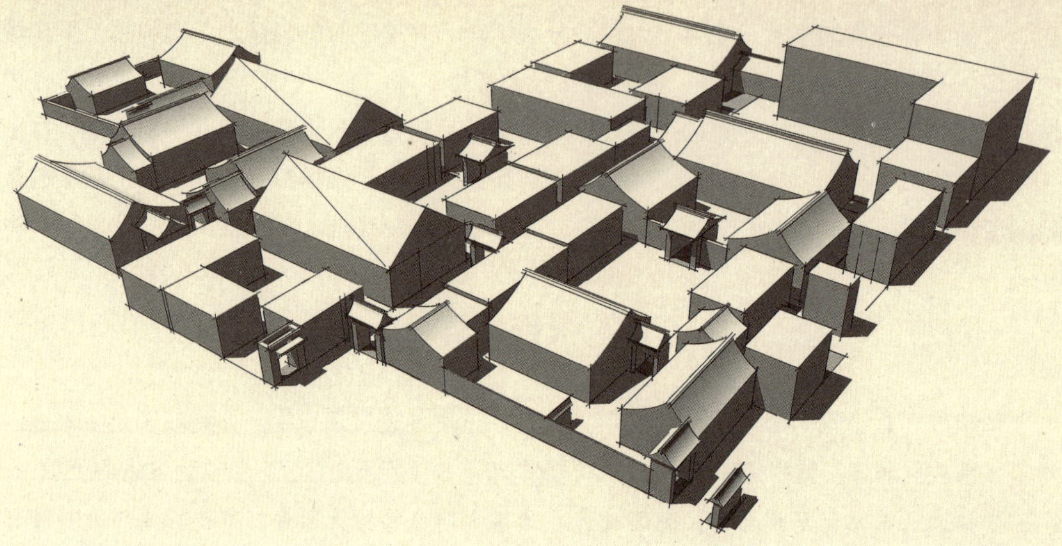

图3-15 张穆故居体块示意图

图3-16 张穆故居入口

图3-17 张穆故居第一进院入口空间

图3-18 张穆故居第一进院正房

院落入口朝东，高于巷道地平1.2米（图3-16）。用石块坡道与巷道连接。门外正对影壁，影壁与门楼造型类似，产生同构的节奏感。门楼内外有高差，门楼内设三级踏步。进入院落，又有稍高于一人的影壁（图3-17），与东厢山墙半围合成一个相对独立的空间，并用铺地和高差暗示空间的划分。内影壁与第一进院正房东山墙在同一直线上，东西两侧地平有5厘米高差，正房东山墙、影壁与东厢房西立面围合出南北向的长形空间，通向第二进院落。第一进院正房为四架三开间带檐廊卷棚式房屋。据说曾为过厅，北墙上开有门洞。正房南立面廊柱形态轻巧，额枋与椽子间留出空隙，隔墙

图3-19 张穆故居第二进院

图3—20 张穆故居第三进院

图3—21 张穆故居院中百年牡丹

采用矮墙配细长条的木格栅窗，造型轻盈大方（图3—18）。

从正房东侧绕过小门，是第二进院落（图3—19）。第一进院与第二进院的连接空间显得有些局促。但转过入口小空间，是第二进院落开阔明亮的大敞院，长宽比接近1:1。围合院落的建筑4米多高，院落宽9米多。北墙与第三进院落连接的入口为一座垂花门。院落当中设甬道直通垂花门，起到了强调作用。垂花门为双脊悬山顶，立面高宽比接近2:3。屋顶加垂花占这个门高度的1/2。垂花门装饰并不多，但门的各个部件之间的比例和门的整体形态十分和谐，线条明朗，落落大方。

穿过垂花门，是第三进院落（图3—20）。长宽比接近1:1，进深略小于面宽。院落当中是花池。正房五开间，两厢与正房采用全木质隔断，居中三开间留檐廊。台基高0.6米。厢房也是三开间带檐廊建筑，建筑按比例关系组合，形成了亲切优美的空间环境。第三进院正房阶下的两株古木，也是张穆故居的珍宝。台阶东侧是一棵200余年的白芍药，西侧为白牡丹（图3—21）。每到五月，繁花满树。“灰瓦黑柱红对联，蓝天碧日白牡丹”是这一进小院的真实写照。

张穆故居现存的部分院落空间连续，序列感强，各进院落根据不同的功能而设计形成不同的空间氛围，满足功能需求的同时，也满足了人们的心理需求。

3.景元堂

景元堂和魁盛号的主人的十五世祖是胞兄弟，所以景元堂又称为下魁盛号。景元堂是声名显赫的商贾宅院（图3—22），院落坐北朝南，虽然面积并不是很大，但却是全村建筑装饰最为华贵的一个院落。

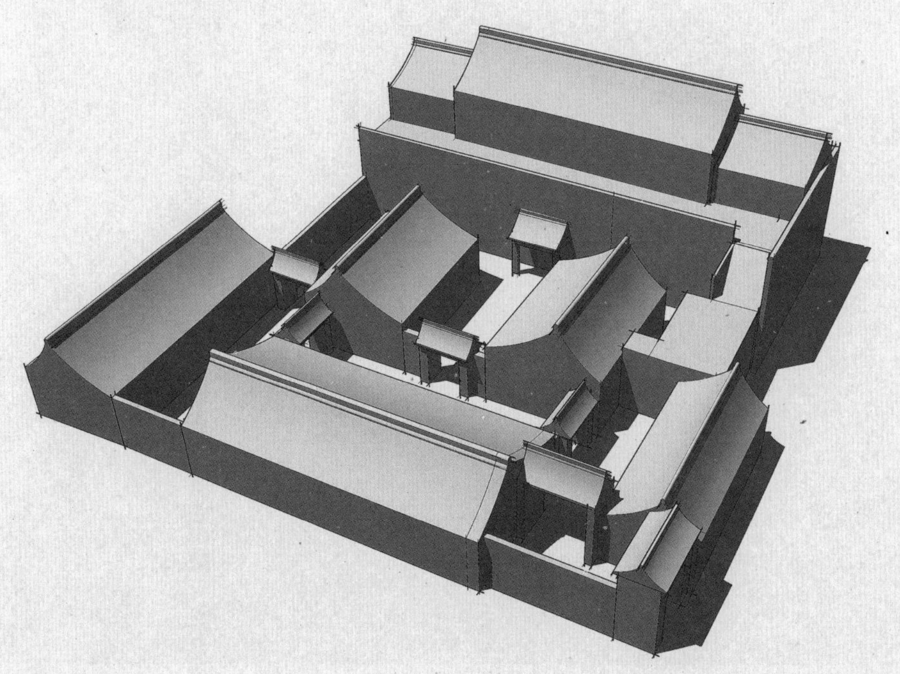

图3—22 景元堂体块示意图

图3-23 景元堂西跨院

图3-24 景元堂入口大门门楼

图3-25 景元堂二门门楼

整个堂号主要由内外两个主院，加上东西两跨院构成。上院等级最高，是主人居住会客的场所。下院则是平日里孩子们活动的地盘，这里的倒座房曾是当年的私塾。西侧跨院是下人住宅及库房（图3-23），入口设在东南角。

图3-26 景元堂二门门楼细部

景元堂的门楼装饰是其院落最大的特色，从内到外大大小小四五道门全部布满装饰，风格迥异，尤其入口处的两例给人印象深刻，门上斗栱、雀替到墀头、门墩都布满装饰。先看进门的这例，砖制拱门发券的造型本身就极富特色，门楼上方还雕有“吉人天相”砖刻眉匾，精美的斗栱承托檐口层层出挑，整个门楼极富立体感。细部勾画到位，尤其拱顶上以方竹节横石勾出轮廓，形态优雅，平凡中见其不俗功力（图3–24）。

穿过这道门楼，紧接着右侧木制门楼展现在眼前，斗栱占据了檐下大部分空间，一跳支撑横枋，其上出挑五颗蝻头，成为装饰性极强的构件。雀替博古图案众多，寓意丰富，墀头上身麒麟、琴棋书画雕刻精美绝伦，下方抱鼓石古朴典雅，整座门楼是砖木石三雕的集大成者（图3–25、图3–26）。

走在景元堂中，道路在不停的转折，每一次转折似乎都经过了精心的设计，让人感受到一次次的惊喜（图3–27）。进入二门，眼前又是一亮，正面一座砖雕影壁，精致的砖雕与之前的木雕形成了鲜明的对比，使人不禁驻足观赏（图3–28）。

图3–27 景元堂东跨院

图3–28 景元堂影壁

整个院落空间收放自如，入口处几个小空间错落组合，进入下院空间变得开阔，空间公共属性明显（图3–29）。倒座私塾是外院中惟一的建筑，五开间总长度接近15米，挑檐很深，三座门扇一字排开，柱身比例秀颀（图3–30、图3–31）。

上院是景元堂的核心院落，由三孔窑洞的正房、双坡硬山顶东西厢房和垂花门围合而

图3-29 景元堂下院

图3-30 景元堂倒座立面

图3-31 景元堂西跨院院门

图3-32 景元堂上院

图3-33 景元堂正房窑洞

成。正房前加披檐，中窑前设抱厦，具有阳泉地区典型院落的特征（图3-32）。进入上院，空间豁然高耸，两层高的正房映入眼前，在很短的视距内显得极为高耸。

正房为五孔窑洞，中间三孔内部相通，一明两暗，中间一间接客待物，两侧作为主人卧室。两侧的两孔各自独立，加上院门成为东西偏院。由于窗棂直开至拱顶，白天室内采光充足，毫无通常砖石建筑的压抑感。正窑门前出挑檐廊，作为过渡空间。整个立面窗扇上布满了构图讲究、寓意丰富的木雕作品（图3-33、图3-34）。

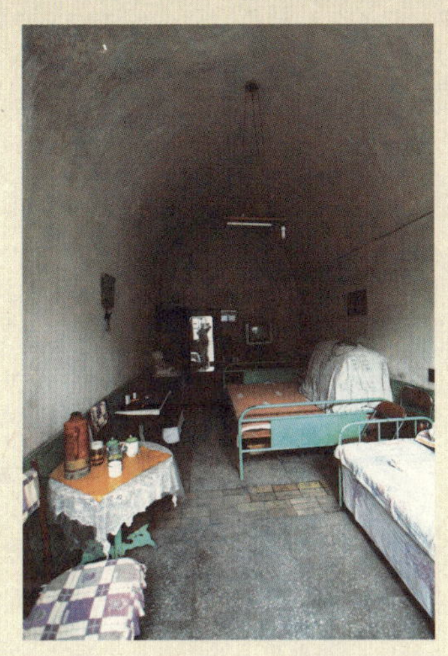

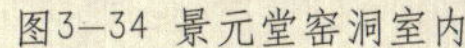
图3-34 景元堂窑洞室内

图3-35 景元堂高房院

沿窑洞东偏院上台阶，就来到窑顶，坐落其上的是村民所称的高房。中间一座是殿堂式木构建筑，五开间，前设檐廊，整个立面完全由门扇构成，全部打开时，房屋内外连成一体，拥有极大开放性，这也许不太符合住宅私密性的要求，但对于祭祖的功能就再合适不过了。两边有耳房，略低于正房，前有花墙，形成另一层小院落。极目远望，天高云淡，山峦起伏，树木葱郁，仿佛与先人在此心神交汇，半个村子尽收眼底，顿时心旷神怡（图3—35）。

4.正元堂

正元堂的院落布局提供了另一种空间思路。不同于常见的穿堂而过，这里的流线被安排在了主轴线建筑之外，穿梭于建筑侧面的一条条小巷使不大的院落空间显得十分丰富（图3—36）。整个院落东南角布置入口及厅堂院落，其北侧并列着两个主人院，东侧院落形制完整，正房三孔窑洞，处于轴线位置，两侧配有左右厢房（图3—37）。西院较小，只有两孔窑洞配一侧厢房（图3—38）。其南侧的院落形制散乱，应为下人杂物院。在五孔窑洞之上，还有一宽阔的平台，平台上建一座三合院。

整个院落房屋布局也与其他院落有所区别。一进院门，正对的是实墙面，很强的空间引导力使人们自然转向西侧的偏门，流线清晰明确（图3—39）。从墙上残留的精致匾托可

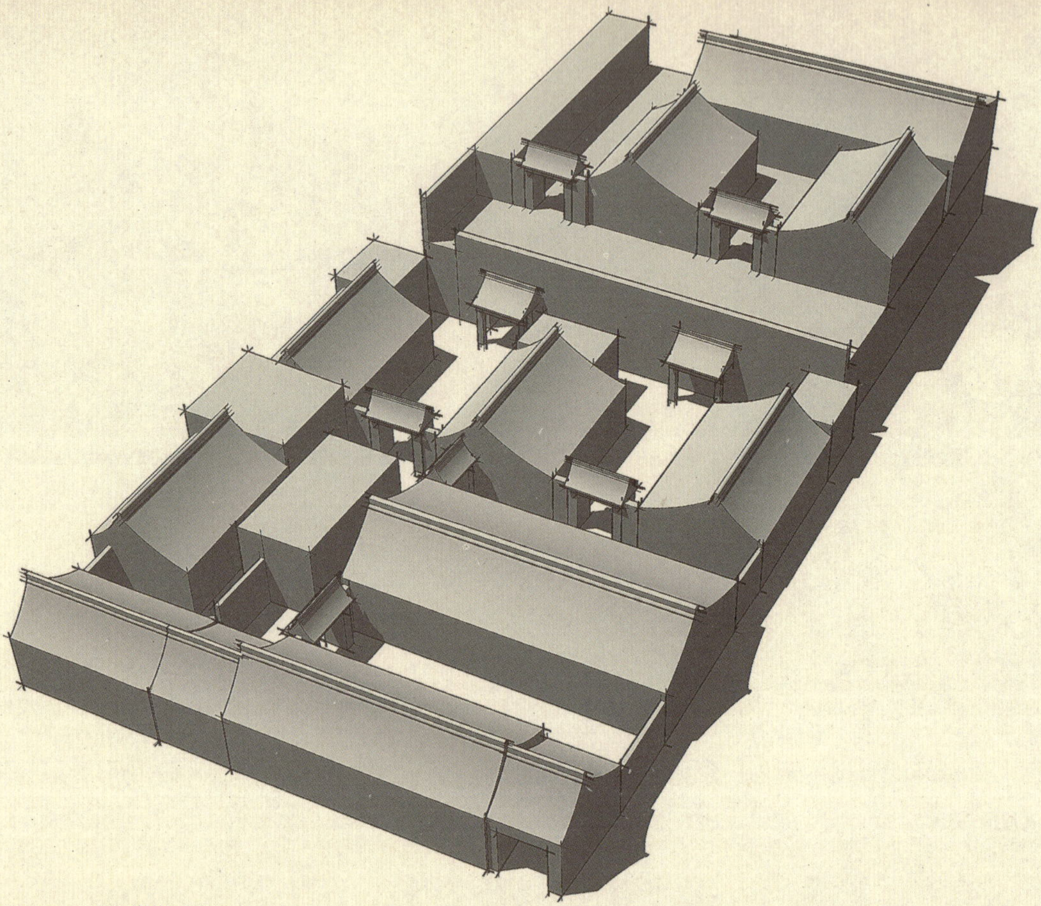

图3-36 正元堂体块示意图

图3-37 正元堂东侧主人院

图3-38 正元堂西侧主人院

图3-39 正元堂厅堂南立面

图3-41 正元堂外院

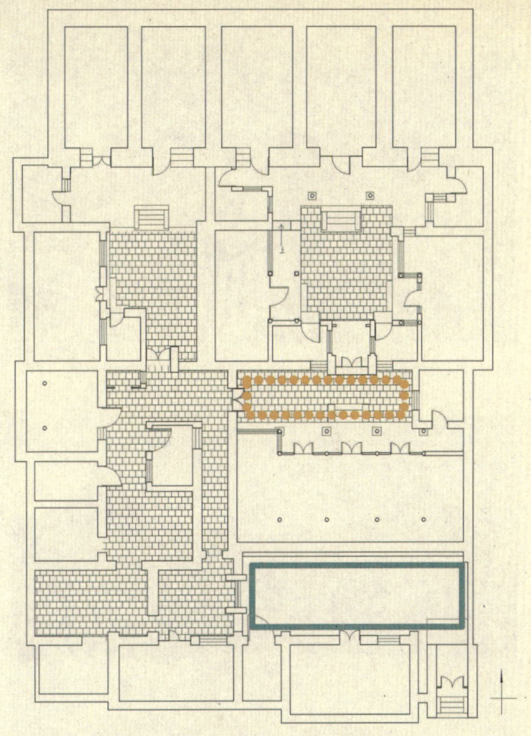
图3-40 正元堂一进院中院位置示意图

以看出，原本整面砖墙并不单调，匾额是其装饰。

不同的布局形成了前后性格迥异的两个院落，一进院封闭，厅堂正面所对的中院则相对开敞（图3-40），外院由建筑的实墙围合（图3-41），中院周边则是一圈柱廊与门洞，可见界面围合对于院落的重要作用。院落在这里是一个实体，建筑不强调其本身，而是围合院落、表达院落空间性格。

通往主人院的是一座垂花门楼，通体不施彩画，木色的门楼与灰色墙瓦对比，显得内敛庄重（图3-42）。

东侧主人院保存较为完整，院落空间疏朗，窑上的高房院退后很深，并没有对院落产生压抑感（图3-43）。主人院中种植了藤萝，精细的木雕与自然的枝

图3-42 正元堂垂花门

图3-43 正元堂东侧主人院鸟瞰

图3-44 正元堂主人院

图3-45 正元堂高房院

蔓融为一体，宛如天成（图3-44）。

正元堂前后院落高差很大，高房院可以直接与院后的道路相连。不同于村中一般的高房祠堂。在这个很大的平台上还有另一座完整的三合院落，作为居住院落使用（图3-45）。

5.祥瑞堂

祥瑞堂是村中面积较大的一户院落，兴起于清末。主人郗启祥把生意做到了正定至北京一带，其时正值清政府铺设正太铁路至此，“阳泉站”建立，郗启祥以财势之壮，占据和开辟了阳泉站下站的商业地域——祥瑞街，塑造了阳泉市的城市雏形。“土改”后这一大院被分给许多人家，各家都根据需要加建了厨房等，但建筑主体部分仍较为清晰（图3-46）。

宋代司马光在《涑水家仪·居家杂仪》中说：“凡为家长，必谨守礼法，以御众子弟及家众。”由此可见，自古以来，中国住宅布局就是与儒家礼制紧密地联系在一起。尤其像祥瑞堂这样家族庞大、功能复杂的院落，礼制规范的影子就更加明显。

祥瑞堂院落是典型的“前堂后寝”式布局，主入口位于东南角，中部为接待宾客的过厅及左右厢房。最北侧一排窑洞及其下厢房为主人居住，出入主要依靠位于东部的入口。东南角是一较为独立的院落，另辟出入口直接对外，推测为祥瑞堂一分支兄弟所有。西南

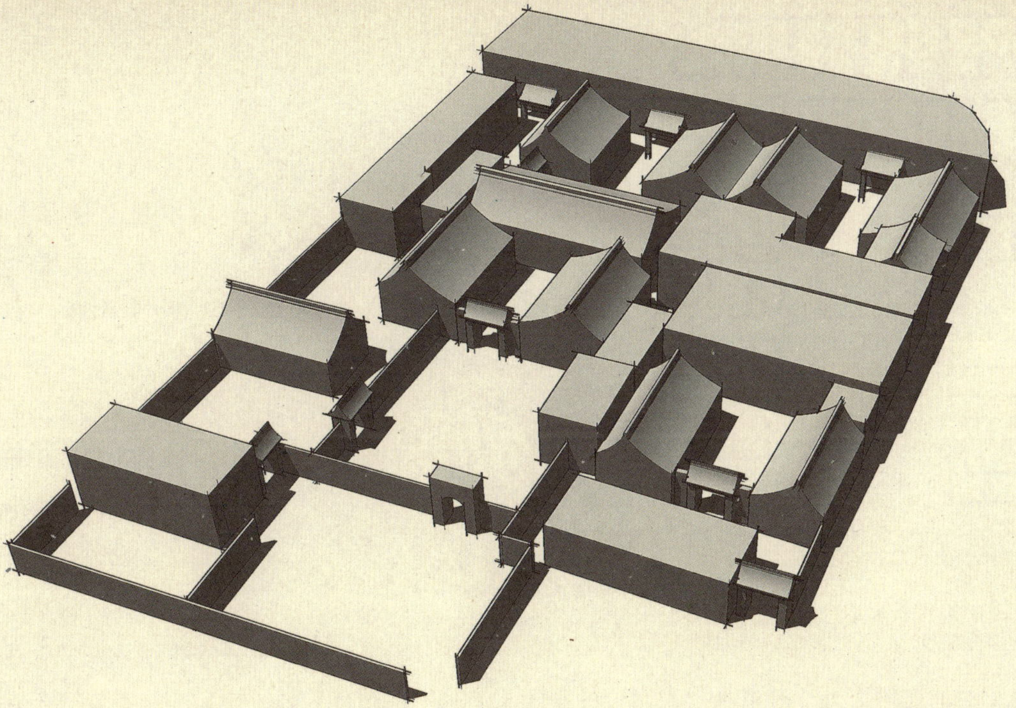

图3-46 祥瑞堂体块示意图

部是附属用房，靠近北部主人居室的是下人房及厨房、磨坊。其南是厕所。院落的西南角则是马棚及马夫的住所，再南侧有一较大出入口供马车及下人使用（图3-47）。

院落建造之初，先依据礼制选定主要居住正房的砖窑等级，以此为准依次确定过厅、祭祖堂、厢房的等级和位置，形成规划严谨、等级分明、错落有致的布局，空间序列顺次展开，形成了极为明显的横纵两条轴线。纵轴是接待重要宾客、祭祖的公共流线，通过拉长的空间来表现对于宾客的尊重，以及对于祖先的崇敬。而横轴则串联起了一家几代几个院落的日常生活，是平日

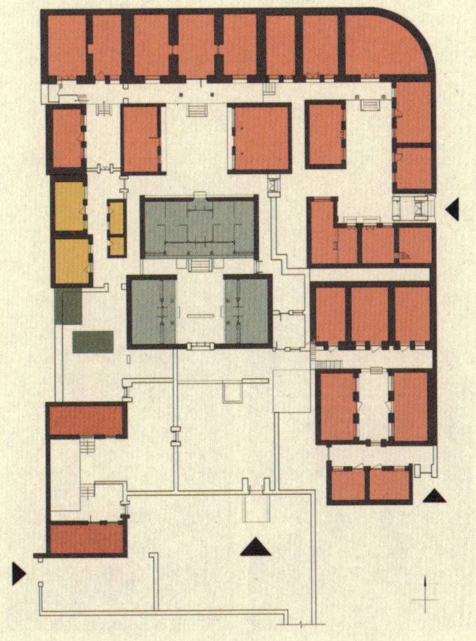

图3-47 祥瑞堂平面功能及入口示意图

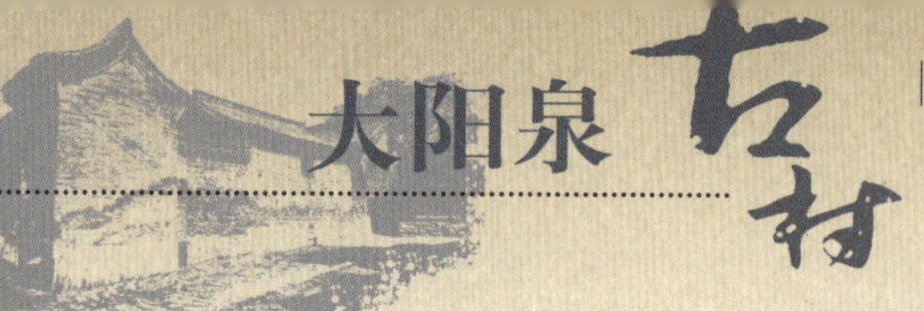

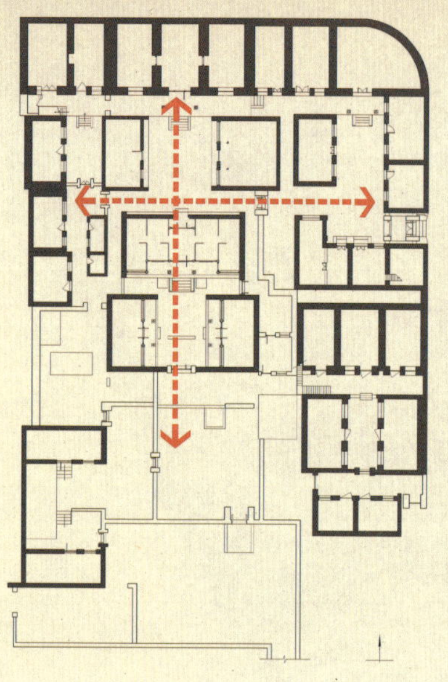
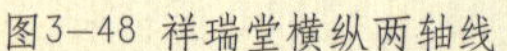
图3-48 祥瑞堂横纵两轴线

图3-49 祥瑞堂纵轴线

生活的主要流线（图3-48）。

在中国古代建筑群中，房屋并不是交通路线的阻隔，主要交通路线常常是穿越“门”、“堂”而过。祥瑞堂的纵轴就是明显的例子。在轴线的正中有过厅，出过厅眼前一定是十分宏伟的。据老人回忆，房屋在正对的窑洞之上，有供奉祖宗牌位的祭祖堂，形制与过厅相似。但如今祭祖堂已不存，登上窑顶，遗址基础尚存，五开间气派的大堂还可依稀可辨（图3-49）。

横轴上则通过一道道门扇充分体现了庭院深深深几许的空间效果，展现大户人家的气派。空间以凹入式的大门开始，对面连以遮蔽外界视线的影壁，向右一跨，纵深三道大门分别将主仆各户加以区分，空间依次展开（图3-50）。

与横轴平行的还有另一条贯通东西的轴线，位于窑洞之前，空间更为私密，这一流线的存在加强了院落间的联系，更促进了各院落家族成员间的感情，即使在今日，两个院

图3-50 祥瑞堂横轴空间各院门

落间的邻居也经常在檐下的公共空间闲聊（图3-51）。

院落是平面组织的中心。祥瑞堂依靠八个功能性院落将整个大院各种功能串联起来，这些封闭的院落更像一个个景框，随着人们的运动，景象不断变化，各种戏剧性的效果随之展开（图3-52）。

图3-51 祥瑞堂窑前空间

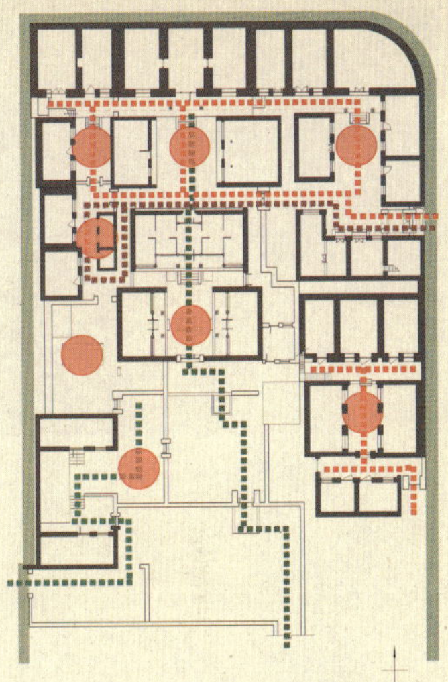
图3-52 祥瑞堂院落及流线示意图

过厅院是整个院落的“会客厅”，为典型的三合院制式，“一正两厢”，南面正中开有随墙门（图3-53）。院中东西两侧完全对称，正中置鱼缸，两条锦鲤在水中追逐嬉戏。其后青石板筑花台，放置各种盆景。正房前的花池

图3-53 祥瑞堂过厅院鸟瞰

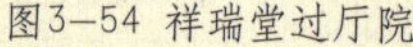
图3-54 祥瑞堂过厅院

图3-55 祥瑞堂过厅院厢房

分列左右，右种石榴，左面一棵已经枯死。站在院中，不难从建筑环境中体会到一种精神的和谐（图3-54）。

正房五开间，明间次间全用落地窗代门，开敞明亮，内部空间以木隔扇分隔。中间一进的明间为穿堂，两侧的次间是待客聚会的地方，再往里的梢间，包在厚厚的墙壁之内，前面只开半截窗，靠墙有烧火的土炕。正是所谓的“名堂暗室”，私密的层级逐渐加强。

两侧的厢房三开间，前有檐廊，立面凹入，凹入的这段空间介于建筑和院落之间，使整个立面关系从上到下、从左到右形成一种实至虚再至实的转换（图3-55）。

后院两个院落，正房窑洞保存较为完好，窑前都出挑了单坡顶的檐廊，双柱厦檐，与木结构建筑取得了很好的呼应，同时充当了单座建筑到组群建筑的过渡，其上雀替雕饰精美（图3-56～图3-61）。

图3-56 祥瑞堂西侧窑洞院鸟瞰

图3-57 祥瑞堂西侧窑洞院

图3-58 祥瑞堂西侧窑洞门扇

图3-59 祥瑞堂东侧窑洞院鸟瞰

图3-60 祥瑞堂东侧窑洞院

图3-61 祥瑞堂东侧窑洞院檐廊

中国传统建筑讲究登堂入室，登在这里就是上的意思，代表很多美好的寓意，暗示运气高涨、连连高升、一切如意等。祥瑞堂院内高差明显，前低后高，也正好符合了此种观念，同时为了加强“上”的效果，主人还有意将后院垫高，使北侧外墙明显高于院内（图3-62）。

图3-62 北部俯瞰祥瑞堂

6.张家圪台

张家圪台是大阳泉张氏的宅邸（图3—63）。清末，张家靠做铁货生意起家，在北京、天津有多家分号，后期开染房。曾供养一个戏班，家境没落之时，变卖家具及戏班行头，还养活了三代人，足见其家业之浩大。

图3—63 张家圪台鸟瞰

张家圪台呈群组式院落布局形式，现部分保存完整（图3—64）。由南向北依次排列四座两进院落（图3—65），每座院落是东西走向，正房为坐西朝东。据现在的院主人65岁的郗金民老人介绍，这是根据《周易》中“西坐正”之说而建。

张家圪台门前的一条巷道，明确分隔了宅院与其他民居。巷道西侧地势较高为张家圪台，而东侧的其他宅院与街道约有两米的高差（需走旁道），这进一步增强了张家宅院的私密性。每个院落有独立的门楼，且各院门楼依次外伸；内部则通过边门连接的方式，于正房与厢房之间设置屏门，相互联通，将整个大院连成整体（图3—66、图3—67）。

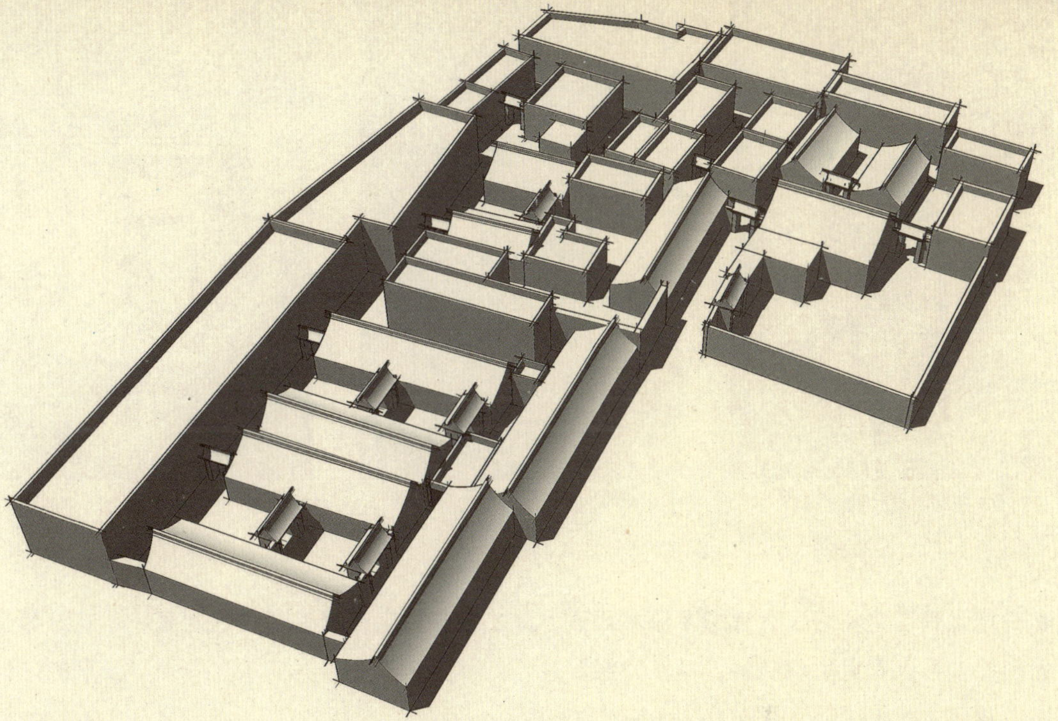

图3-64 张家圪台体块模型

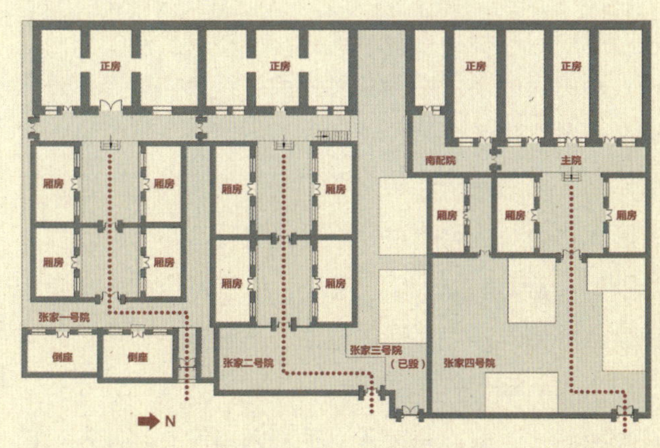

图3-65 张家圪台院落平面图

《相宅经纂》载：“宅之凶吉全在大门……宅之受气于门犹人之受气于口，故大门名曰气口。”在古人的营建活动中，大门是全宅的关键，财源喜气可通过大门进出，灾难祸害亦可通过大门连通，因此大门朝向与方位选择格外讲究。作为清末晋商，张家在修建院落之初采用了东西朝向的房屋布局方式，于大院东侧设置大门，附会“紫气东来”之意。

张家圪台院落中，各院宅门均设于院落东北角，入口与东厢房山墙相对，以此阻挡视线，增强宅院的私密性。而二门、三门等屏门均位于正中轴线之上，既保护院主人的隐

图3-66 张家一号院门楼

图3-67 张家二号院门楼

图3-68 一二进院落之间的屏门

私，增强院落空间感，也考虑了风水因素。风水学中，宅门忌讳“一通到底”，即忌讳于大门处就可以看见主院正房。《水龙经》有云：“直来直去损人丁”。因而，张家的这种院门布局方式在村中是十分讲究且备受推崇的。

四座院落形成跨院，内部通过小门相连。

张家一号院为典型的两进式院落。门楼精巧雅致，古韵犹存。大门为双坡屋宇形式，脊饰龙吻彰显着当年的气派。门洞不深，两侧为砖砌门垛墙，砖缝严谨，墙体通直。进入大门，前院东侧紧邻门楼有倒座房两间及一条宽两米余的小巷。立于小巷的正中位置，可通过屏门看到整个院落，空间虚实关系明确。一进院南北厢房各三间，中间开门，两侧开窗。这种三开间通间，中间不做间隔的形式称为“四梁八柱”。一进院正房与南北厢房之间有屏门可连通各院（图3-68）。二进院南北厢房各三间，尺寸、结构等均与一进院相同。正房建于圪台之上，与庭院通过四级台阶相连。正房形制较高，正窑三眼。中窑外接单坡挑檐柱廊，雕刻精美，煞有气势，但明柱以下部分已非原貌。

张家二号院与一号院的布局形式基本相同。不同之处在于二进院入口没有倒座房，而是开敞的前院；二号院厢房规模相对一号院较大；二号院圪台北侧，正房与北厢房之间有可以连通窑顶的楼梯。

张家三号院已被完全改建。

张家四号院院落较大，亦为两进院。前院与一进院损毁较为严重，二进院基本保存完整，由主院和南配院组成。主院同一、二号院，正房三眼正窑，南北厢房。配院有一大一小两眼正窑及南厢房。正窑与主院正窑相连，南厢房与主院厢房相对。主院与南配院可通过主院与南厢房之间的屏门相连，南配院亦可通过东侧屏门与一进院相通。

7.白家大院

白家是村中大户，昔日家业浩大，白家大院就是当时白家的宅邸，现仅部分保存完整（图3-69）。

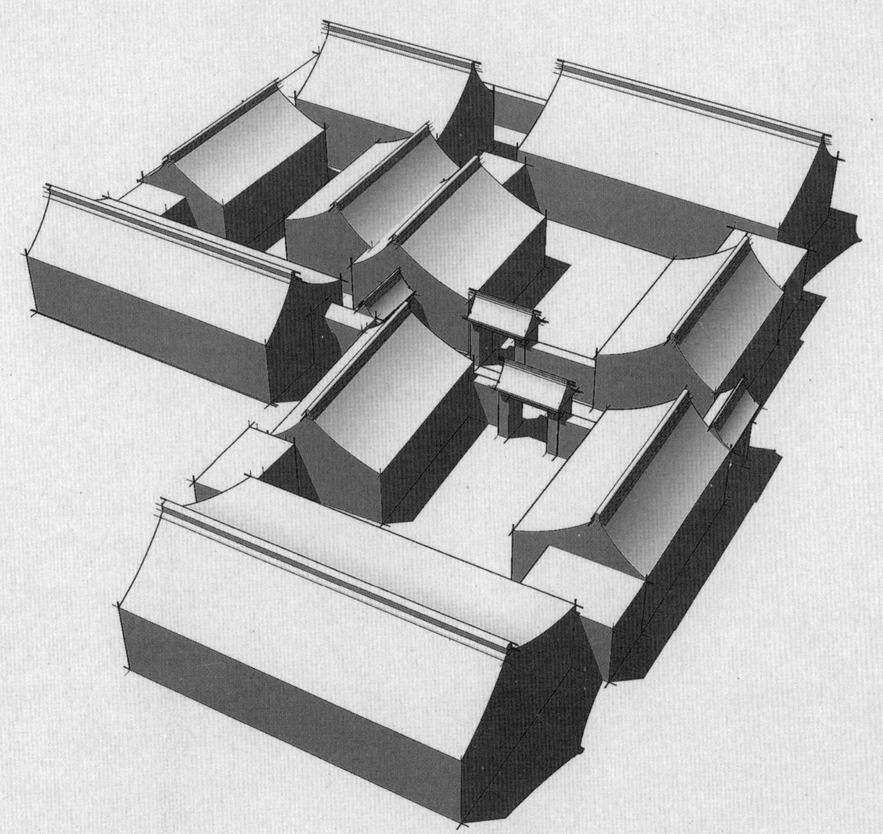

图3-69 白家大院体块模型示意图

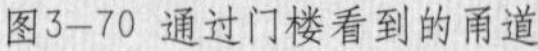
图3-70 通过门楼看到的甬道

图3-71 白家大院门楼

白家大院由三个一进院落组合而成，通过一条东西向甬道相连（图3-70）。门楼位于整座大院东侧，双坡硬山顶，双开门扇，精巧秀美，古朴雅致（图3-71）。进入大门，甬道南北各单院一座，为典型三合院布局。正房与厢房之间，皆有耳房连接。甬道南侧的三合院正房坐南朝北。甬道尽头为一四合院，院门与大院门楼相对。正房坐北朝南，东西厢房通过耳房与正房相连，南侧为倒座，西侧通过耳房连接厢房，东侧院门与耳房相对。

8.魁和祥

作为平定州第一号富商，魁盛号旗下拥有众多分号。各行掌柜定期向东家交账、结算是一件大事。在魁盛号院南约50米处的魁和祥大院，就是魁盛号交账、汇总、分储之所（图3-72）。

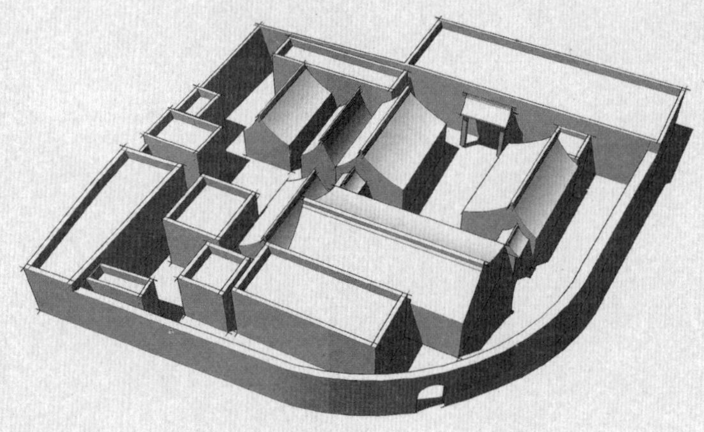
图3-72 魁和祥体块模型示意图

各商行掌柜回来向东家交账、结算，三年才能拢上一次。一般按照股份分成，东家收四成，各商行分六成。每到秋收之后，佃户源源不断的来此交纳租粮。收回的粮食及时转存粮仓或兑换银两。外地的租粮，由东家派出专人去当地打理，多兑换银两或物资，运回总号。

图3—73 魁和祥围墙

图3—74 门楼门扇细部

随着资本的不断积累，东家仅在本乡购置的土地便有36顷之多，京师百顷，他地无计。挂“魁”字号的商行多达36座，还有不少分支店铺、出摊、矿山、土地、马帮驼队等。

魁和祥大院入口为大券门形式，且根据道路流线设计成弧形，高两丈有余，墙顶部镂空砖花显示着精巧及情趣（图3—73）。

进入大券门，是一个弧形空间，空间并不大，魁和祥门楼矗立于此。魁和祥门楼构图十分讲究，呈中轴对称形式。屋顶为硬山双坡顶，屋脊为龙饰造型。门洞部分又划分为左中右三段，左右两侧为山墙，中间门洞的灰空间向外，门扇镶在靠近院内一侧（图3—74）。门垛石基位于最下端，高1.5米，上面刻有牡丹花式图案；石基向上至3.45米高为砖砌，墙体通直，密而无缝。之上为墀头，高0.58米。再之上至5.5米与屋檐相接部分仍为砖砌。门楼设计精巧之处在于，在檐口至墀头高度有流线型精美木板悬于檐口之下，门面之前，颇有气势（图3—75）。门洞较深，有台阶3级。门扇立于中脊之下，双开。大门宽3.2米，高2.5米，向上部分门框高1.8米，向下部分门槛高0.35米。每扇木门下部皆包铁皮，祥云图案造型，中上部门环为八瓣莲花形，门上均等排列门钉4排，每排5颗共20颗。门楼内侧洞口与外侧相比较深，两侧的砖墙上旧时的口号和标语，构成一道独特的风景线（图3—76）。

整座院落由正院、东阔院、西场院三部分组成（图3—77）。正院为典型的四合院布局，采取常见的山西民居传统的“三大五小”[5]形式，三眼正窑正对南侧四间倒座及门楼，

5 指规整四合院落中正窑三眼与五间倒座对应，倒座房空间亦可作大门门楼之用，但仍符合“三大五小”的形制特点。

图3–75 门楼流线形精美木板

图3–76 写有旧时口号和标语的砖墙

东西厢房各三间。正院中窑外接单坡挑檐柱廊，圪台与庭院通过6级台阶相连。东西厢房为硬山双坡屋顶，两侧为砖砌门垛墙，中开门，左右为直棂槛窗。倒座为双坡挑檐柱廊结构，外廊开敞明亮，限定了空间高度，形成了室内外过渡的灰空间，不仅增强了檐下的光影变化，丰富了建筑空间层次，而且可以遮阳挡雨，或作厨房之用，避免窑内污染。

正院与东阔院、西场院之间通过屏门相通（图3–78）。东阔院设有正窑一眼，南房三间。正窑与正院三眼正窑连成一体。南房形式与正院东西厢房形式统一。东阔院需通过正窑与东配房之间的屏门进入，且于此处设置通向窑顶的楼梯。正院及东阔院为掌柜们提供了一个休息的住处，也是东家结算钱财、存储租粮的场所。西场院需通过西配房与南房之间的屏门进入，主要做驯养牲口之用。

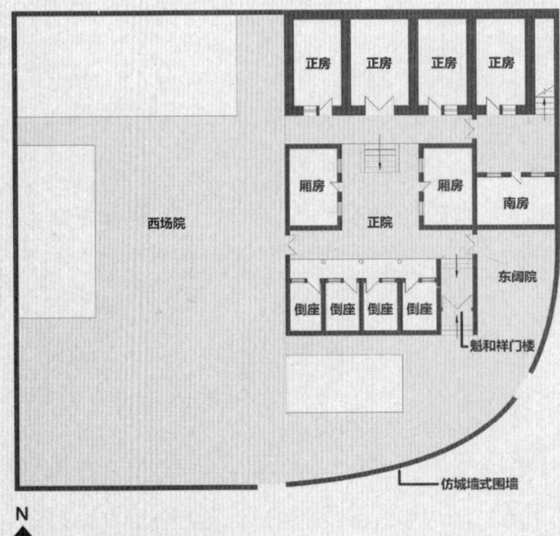

图3–77 魁和祥院落平面图

图3–78 魁和祥正院东屏门

9.广泰昌

广泰昌位于大阳泉主街的北侧（图3-79）。沿顺广育祠东侧的小巷一直向上，两侧是长长的封闭高墙，忽然一座门楼闪现眼前，成为整条巷里最耀眼的焦点（图3-80）。这座精致门楼之内就是广泰昌了。

据村中的老人讲，广泰昌是靠做染房生意起家，后因战乱影响而逐渐败落。

广泰昌由东西并列两个院落组成，在东院西厢房与正房及倒座间分别设有院门，通往西面院落。从其空间布局推测，两院落很可能是分属兄弟两人。外院保存较为完整，为典型四合院，由窑洞式正房及木结构倒座和左右厢房共同构成，院子宽6.5米，进深接近12米，宽阔、敞亮，厢房前种植了一些树木，不时招来一些小鸟，给这个安静的小院增添了许多生机（图3-81、图3-82）。

大门位于整个院落的东南角，门楼采用悬山式屋顶，周身以砖石模仿木结构，方椽、圆椽、斗栱、垂柱一应俱全，具为砖雕成。

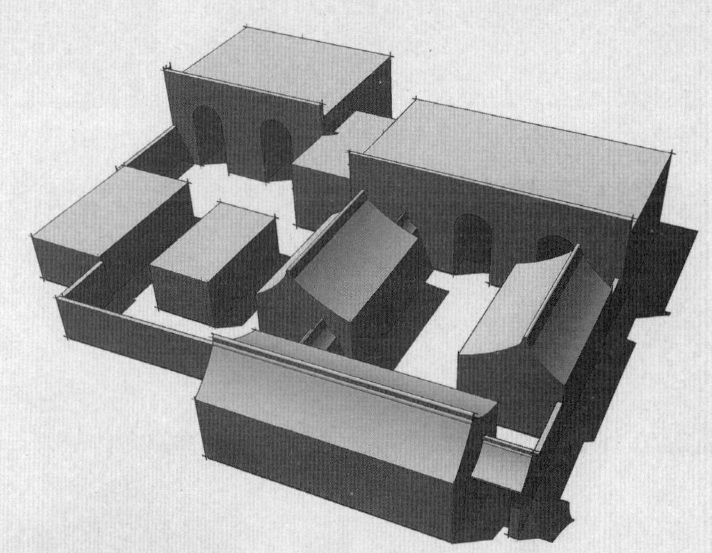

图3-79 广泰昌模型示意图

图3-80 广泰昌门楼入口

图3-81 广泰昌外院鸟瞰

图3-82 广泰昌外院

图3-83 广泰昌门楼细部

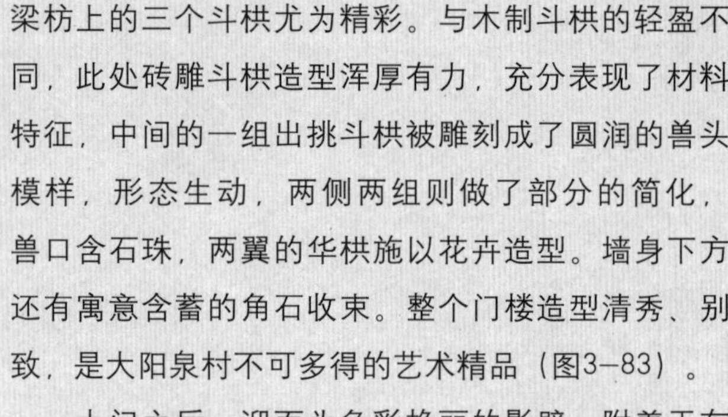

梁枋上的三个斗栱尤为精彩。与木制斗栱的轻盈不同，此处砖雕斗栱造型浑厚有力，充分表现了材料特征，中间的一组出挑斗栱被雕刻成了圆润的兽头模样，形态生动，两侧两组则做了部分的简化，兽口含石珠，两翼的华栱施以花卉造型。墙身下方还有寓意含蓄的角石收束。整个门楼造型清秀、别致，是大阳泉村不可多得的艺术精品（图3-83）。

大门之后，迎面为色彩艳丽的影壁，附着于东厢房的山墙面上，较为讲究，正中安有土地龛，（图3-84）。

进入院中，建筑大部分也采用砖石立面。正房窑洞以土石发券，配以墨绿色的木制门窗，简洁大方（图3-85）。窑洞墙壁最厚处达0.9米，冬暖夏凉。立面装饰模仿木结构，出挑檐口，檐下密椽装饰，层次分明。顶部采用十字花砖女儿墙，装饰作用明显，同时增加了建筑的高度，使正房看上去更加高大，增强了等级上的区分，如此做法可谓一举多得（图3-86）。在正房明间墙面左右还有另外两件装饰物，右侧是传统的土地爷的位置，安有石质土地龛。

图3-84 广泰昌入口影壁

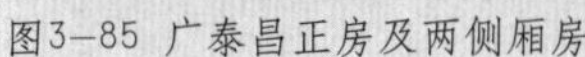
图3–85 广泰昌正房及两侧厢房

图3–86 广泰昌窑洞装饰细部

左侧墙壁上镶有一块毛石，它不但通过材料的变化丰富了立面，还有实用功能，据村民讲这面粗糙的石头墙可当做洗衣时的搓板，颇具匠心（图3–87）。

正房窑顶是人们重要的活动场所，既可作为晒场，又可加建二层，屋顶在这里变成了另一个重要空间。石质楼梯置于两院之间，有趣的是楼梯的两侧墙上裸露的石头，虽不是有意而为，但也极富装饰效果（图3–88）。

图3–87 广泰昌立面毛石墙

图3–88 广泰昌楼梯空间

10. 上下四义号

上四义号现在所有房舍都已经废弃，除正房外其他都拆除另建了新房。正房虽还保留，但也已破败不堪，周围一地的断砖残瓦，杂草丛生。从残存的遗迹来看，正房也应该是相当讲究的。院子前后有将近一米的高差，院落主人将前院垫至最高点，这样一来院落整个南立面高耸而有气势（图3–90）。尤其是其门洞式大门，唯有仰视才观其全貌。门洞之上做披檐，檐下有丁头栱，其下的木雕挂落极为精致，为大门增加了一个空间层次，并丰富了外观（图3–89）。门楼东部是全院的制高点，两层的楼房，其高耸的形象不但可用来看家护院，同时也在两条巷道交汇处提供了很好的节点，起到标示性作用（图3–91）。

下四义号现还保有两个院落（图3–92）。前院较为完整，为标准的四合院，正房位于

图3–89 上四义号门楼入口

图3–90 上四义号南面鸟瞰

图3–91 巷道尽头上四义号楼房

图3–92 下四义号

图3–93 下四义号前院

台基之上，装饰较为简单，厢房檐下加了一根横枋，在其下加垂花柱，两侧附有雀替，具有一定的装饰效果（图3—93）。后院已将旧房拆除在原址上盖起新房。推测东北及西南另有两院落，如今已不存，格局无法辨识。

11.松茂号

松茂号位于村北堂号集中的区域。历史上松茂号由两组东西并排的院落组成，现存东院保存相对完整，面积不大，可分为上下两院。上院面积开敞，是生活的主要空间。正房为三眼连通的窑洞。入口一侧的墙很厚，形成很深的入口空间。门窗都设在靠近室内一侧。窑洞冬暖夏凉，结合门窗洞口处理，充分利用阳光，优化了居住环境。大阳泉地区，冬季太阳高度角小，阳光入射角度低，大进深的门窗洞口不会阻碍阳光入射。夏季太阳高度角大，阳光入射角度大，通过门窗洞口可以自然遮蔽阳光（图3—96）。更具特色的是，两侧作为卧室空间的窑洞里，结合窗洞设炕，提高了空间利用效率。松茂号东上院厢房为四架三开间硬山木构房屋，带檐廊，在靠正房一侧山墙上开拱形门洞，连通厢房檐廊与正房前廊。村民相传，这种布局方式至少可以追溯至元代，是北京四合院的前身。

下院空间的处理颇有趣味。院落通过坐西朝东的门楼与街巷连接。院门居门楼正中，

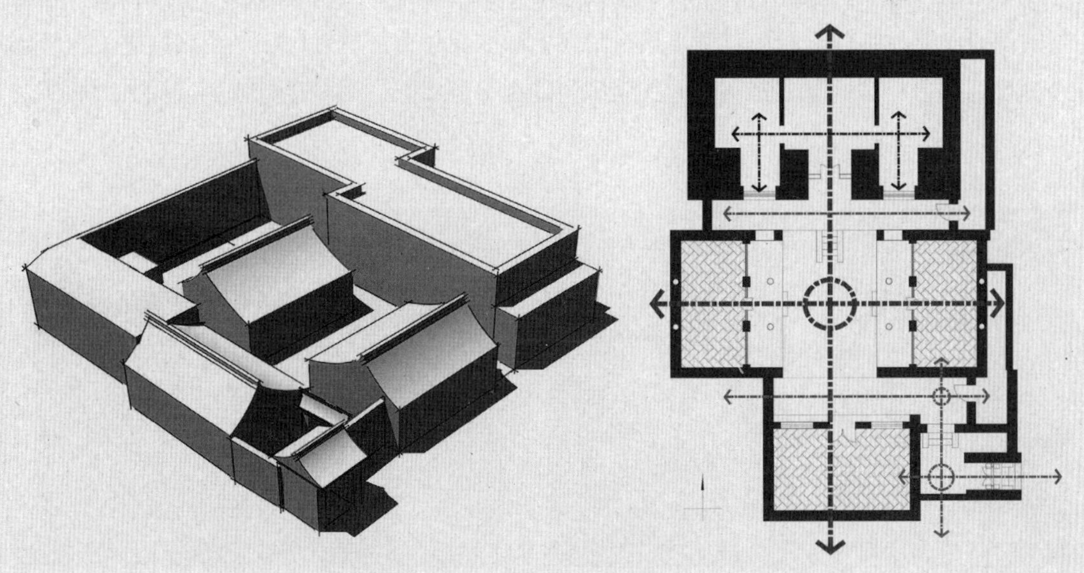

图3—94 松茂号体块模型及平面示意图

图3-95 松茂号正房

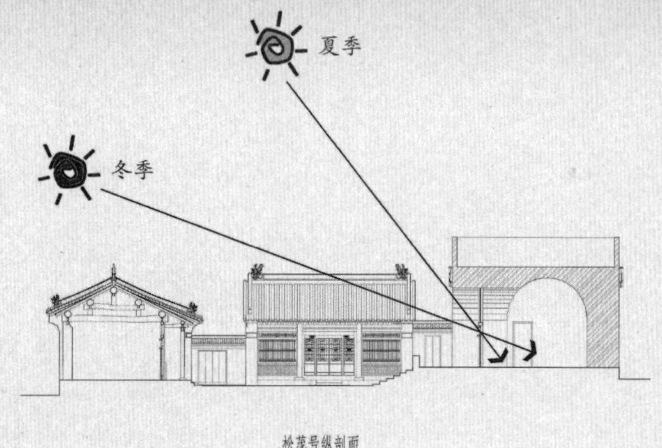

图3-96 松茂号正房对阳光的利用

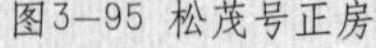

门楼靠街巷设三级台阶。门楼山墙与台阶共同构成入口灰空间，与街巷空间区别。门楼在院内正对倒座山墙，墙上设影壁。跨过门槛，是一个四方小院。院南是一人多高的院墙，尺度感亲切。院北又设一道门，门前三级踏步，进门正对的东厢房山墙上设影壁和天地龛。穿过二门，是由倒座和上院南侧矮墙围合成的狭长空间。为避免空间的冗长无趣，在与倒座山墙对齐的位置，设长条石铺地，暗示空间的变化。在行进序列中，从倒座与厢房所夹的封闭感到由矮墙所形成的上下两院空间的变化颇有趣味性。匠人们在处理松茂号场地与街巷落差、场地与建筑之间的关系等问题上十分用心，形成了丰富的空间效果和相对宜人的居住环境。

图3-97 松茂号大门空间

图3-98 松茂号二门空间

图3-99 松茂号下院空间

12.三义号

三义号由主院及东西配院组成，现多居住临时租客，改建较大（图3—100）。主院为二进式院落。

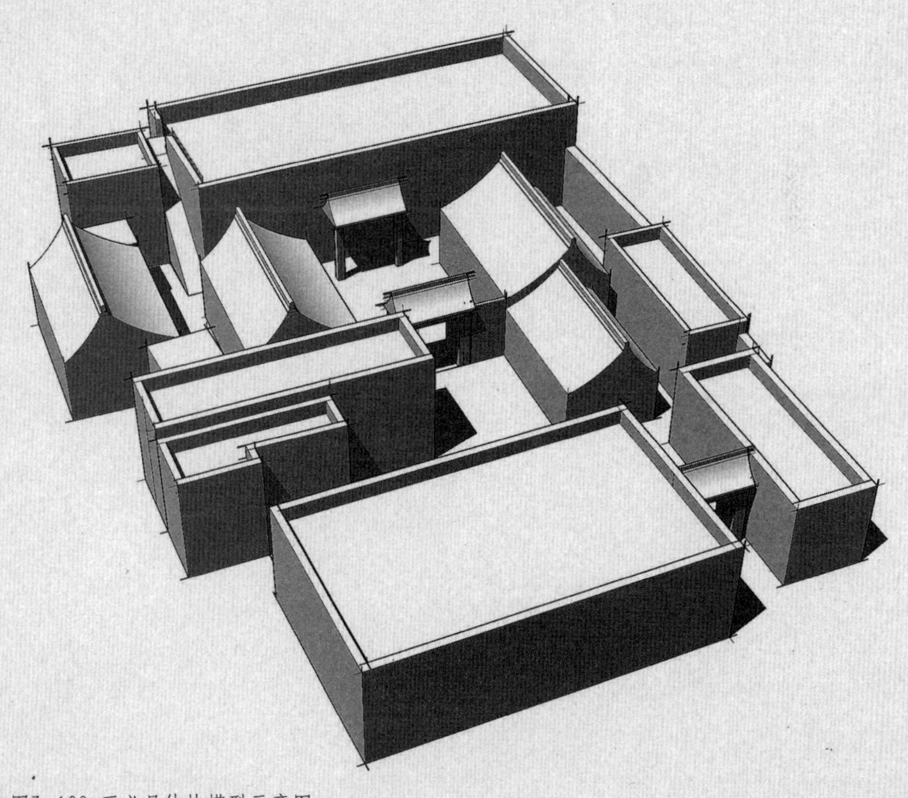

图3—100 三义号体块模型示意图

院落大门位于东南角（图3—101）。独立式随墙门楼精巧秀美，古朴雅致。双坡硬山顶，双开门扇，斗栱出挑不远（图3—102）。

与大门相对的是庭院的独立照壁。作为入院的第一道景观，照壁的重要性不言而喻。照壁在保护院落的私密性、丰富空间的同时，还在风水上有着重要的影响：气流可以绕其而行，被认为可以冲煞，使院落人丁兴旺。因而人们常常把对美好生活的向往和对富裕祥

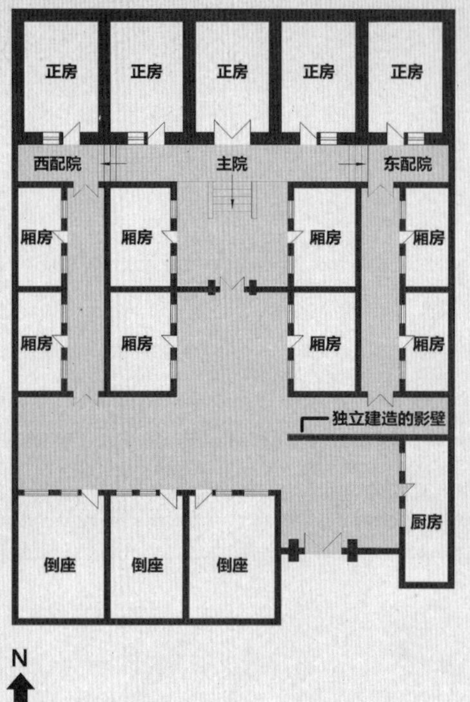

图3–101 三义号院落平面图

图3–102 三义号门楼

和的追求，寄托于这些雕刻精美的照壁上。照壁与宅门之间的空间作为连通院内外的过渡空间，有着十分重要的作用。从这里走向内院，光线由暗转明，空间也因门洞的过渡，豁然开敞。

主院一进院由南向北，依次为倒座房及小厨房、庭院及屏门、东西厢房（图3–103）。三间倒座房紧邻大门西侧，东侧为小厨房。东西厢房各三间，硬山双坡顶，中开门，两侧直棂槛窗，无过多装饰。通过屏门进入二进院。二进院三眼正窑建于圪台之上，通过五级台阶与庭院相连，东西厢房各三间，尺寸、结构等均与一进院相同（图3–104）。东西配院各有单窑一眼、厢房两间及一个狭长庭院。单窑与主院正窑连为一体，厢房尺寸规模同主院。东西配院与主院各自通过正房与东西厢房之间的屏门相通，亦可分别通过一进院两侧的屏门相连。

图3—103 主院一、二进院之间的屏门

图3—104 主院二进院正窑

13.德裕诚

“德裕诚”建于民国时期，其建筑形制在整个村落中，较为特殊。建筑群用地南北长56米，东西宽21米，按照院落形式组织，但院落的朝向和主轴与中国传统的院落布置不同。整个建筑群由三套院落组成。主院居中，轴线为东西向，其他两个院落分别位于主院的南北两侧。主院正房坐西朝东，历史上为双坡硬山五开间建筑，两侧厢房为双坡硬山顶三开间。院落东边为砖木结构平屋顶建筑。院落东房为商铺，其他建筑为主人居住生活的空间。

院落内部建筑装饰简单，临街立面处理复杂。这与传统建筑所表现的形式存在较大差异。传统院落注重建筑内部的装饰，而建筑的外立面通常不做装饰，或仅仅在大门门头上做一些简单装饰。德裕诚则在建筑外立面上使用了复杂的砖雕。壁柱和拱券的使用，让人联想到欧式建筑。建筑立面的高宽比为3:10。立面由壁柱划分六段，区别于传统建筑的单

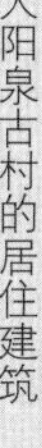

图3-105 德裕诚总平面图

数开间。立面划分为非对称构图，构图讲求节奏感和韵律感。开间尺寸也不按照木构房屋的比例关系构成（图3-105、图3-106）。立面上开有大面积的窗和门洞，以满足商业建筑的需求。门窗都采用拱券形式，窗洞采用2:1的高宽比。门洞高宽比为3:2。壁柱则完全按照传统建筑门楼侧壁的形制和比例：墀头、中段和门当，从上往下按3:4:2的比例构成。建筑装饰使用的是传统元素。砖雕墀头的题材为南瓜、蝴蝶、喜鹊等。雕刻手法为浅浮雕。

图3-106 德裕诚总平面

公共建筑

GONGGONG JIANZHU

一、综述

大阳泉村内的公共建筑大多为庙宇，而且是按照一定原则布局并建设而成。这与大阳泉自古以来的民风有莫大联系。村中遗留大量碑记都有关于风水、祀神的内容。明万历年间《重修关帝庙碑》载："年首者，率众捐资使庙貌焕然一新，众心一姓安绪，牛羊茁壮，乃知敬王之有益。"足以见得祭祀活动，在当时社会中有举足轻重的地位。这也就形成了大阳泉村内众多的庙宇。敬神祀神关键在心诚，因而村中庙宇并无张扬做作之处。

庙宇的位置分布可以区分庙宇的功能。如东西阁，用于镇守护卫。广育祠和五龙宫则用于祭祀和公共活动，因此它们都有戏台；五道庙则是保护新生、安抚亡灵的地方。根据村中人回忆，村中有五处五道庙，分布在村中的不同片区，大致形成几十户共用一个五道庙的格局。

除了这些庙宇，大阳泉还有祠堂。但自古大阳泉都以杂姓聚居，村落中很多祠堂，大多是与居住建筑结合在一起的家祠。现存的独立祠堂只有冯氏祠堂。

义学堂则是村中富户资助修建。《兴学碑记》中载："义学房院一所……□本村枣堰地七亩，麻巷地口堰十亩，沙沟地一堰一亩半，东河地一堰二亩□，□巷地三堰以上，带粮七斗七升三合八勺。东平地三堰七亩，带粮一斗二升，范家垴地地三堰四亩又下堰一段四亩，带粮一斗一升。"可以看出，虽然现在留下的，仅仅是大阳泉村中的建筑院落，在历史上它却关联了村外的九十四亩半田地。其他的庙宇和宗祠，也都有相关联的田地，供维持和运行公共建筑之用。从某种意义上说，这是一种体制。庙宇是完全独立和自给自足的。在社会层面，它们是用于服务大众的；在经济层面，它们是独立而不需要依赖他人的。

二、重要公共建筑

1.广育祠

广育祠（图4–1）位于大阳泉村的中心，由戏楼、正院和配院组成，分布在阳泉街两

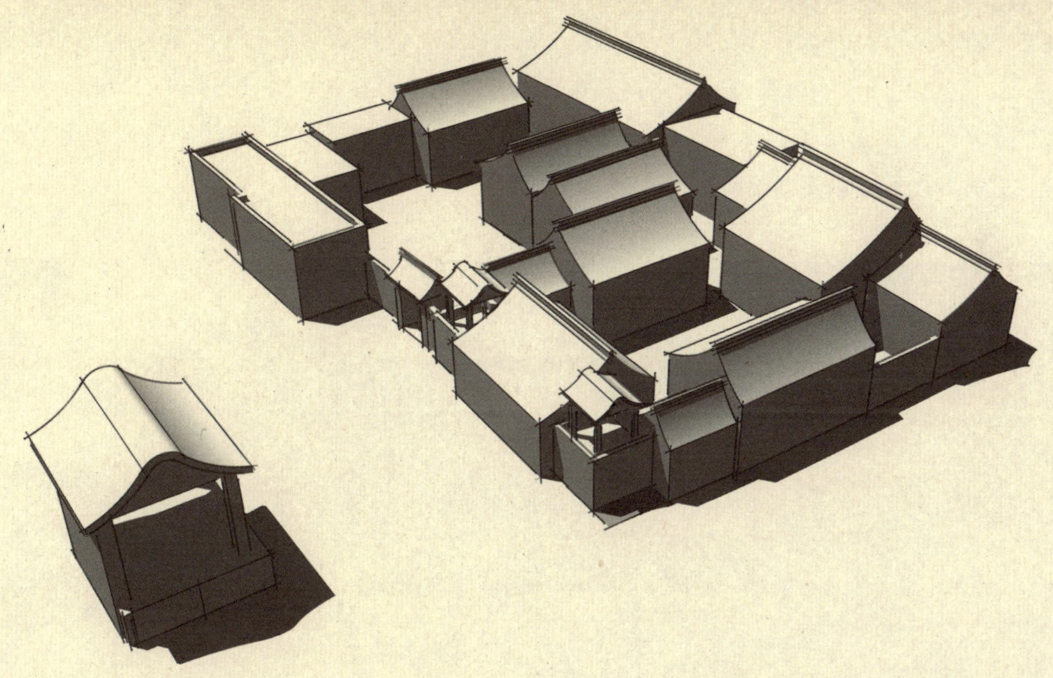

图4—1 广育祠体块模型示意图

侧，街南是戏台“嗜愉楼”，简朴大方，并无过多装饰，屋顶采用卷棚悬山。戏楼前台的柱子与额枋的比例接近2:3，石质方柱，柱角刻槽，收圆边。柱高与柱径比9:1，柱子形态敦实，粗犷。额枋选用粗实木料。雀替长高比2:3，整个戏台立面显得豪放粗犷。据村民介绍，嗜愉楼戏台是元代兴建的（图4—2）。从戏楼的外观形态上看，它的确像元代遗作，但从木构做法上看，它具备更多清代建筑的特征。

图4—2 广育祠戏台嗜愉楼

街北是广育祠正院山门。山门平台高出阳泉街地平（图4—3）。平台解决了地形问题，更好地强调了广育祠村落中心的空间氛围。钟鼓楼与山门宽度按1:3:1的比例组合，形成广育祠正院外立面。山门为四步架三开间硬山建筑，门内设屏门。绕过屏门，是长宽比1:2的院落。两侧厢房四架三开间硬山顶，设垂柱廊。正殿为四架三开间硬山建筑，设外廊，立于高约0.9米的台基上。正房两侧有耳房，两厢房南亦有耳房（图4-4）。正院四角有四个小院，西北小院西墙上开有拱门，拱门后另有一小院（图4-5）。小院西侧为坐西朝东三开间房屋，东西均设门，连通正院与偏院。

图4-3 广育祠山门及月台

图4-4 广育祠正院

图4-5 西北小偏院

广育祠偏院为南北两进院落（图4—6）。正房五开间硬山顶，建在高约1.2米的台基上。厢房为三开间硬山顶。院落中间有一棵柏树，前院有门直接通向阳泉街。南墙上另有一门，与阳泉街上的同心园茶庄连通（图4—7）。同心园是一座带有西式风格的建筑，山墙立面模仿西式建筑作三段式。下段为台基，料石砌筑，中段开拱形窗，上段强调顶部线脚的处理，壁柱将山墙立面在纵向上分为三段。建筑南立面也通过檐口和台基的处理形成三段式构图。

图4—6 广育祠偏院

图4—7 同心园茶庄

2.五龙宫

五龙宫位于大阳泉村南端，由一进式院落和前广场及戏楼构成。由南向北依次是戏楼、山门和正殿，为清代所建（图4—8）。戏楼由前台和后台两部分空间组成，前台采用减柱的做法，只在戏台边缘一周分布十二根柱，共三跨，第一排四根柱作为演出空间与观众空间的分隔，居中的两根为大方柱，靠边两根为小方柱。小柱与大柱组成的建筑立面

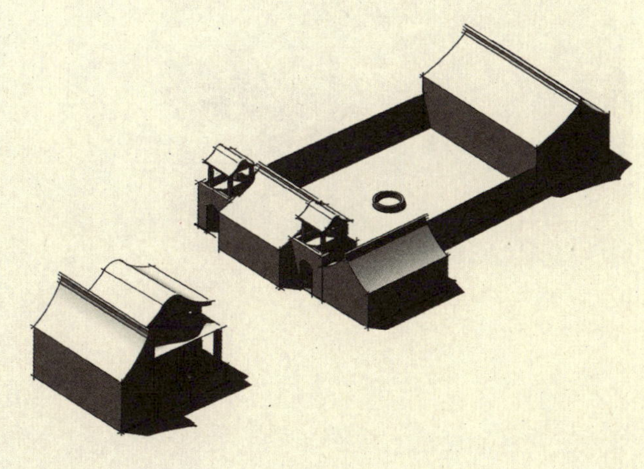
图4—8 五龙宫体块模型示意图

图4-9 五龙宫戏台遏云楼

图4-10 五龙宫戏台遏云楼舞台

比例适中。大方柱间距6米，柱高4.5米。柱上额枋绘制风景彩画，柱枋间是祥云金龙高浮雕雀替。额枋上是斗栱，居中者装饰华丽。中排两根方柱满足结构要求，同时与其他两排端头的柱子形成戏台东西两侧的边界。第三排六根圆柱与隔板共同划分前后空间。除与第一排对应的四根柱以外，还有两根柱，直接承托搭在横枋上的两架梁，并形成传统演出连接前后台的“出相”“入将”两门。两门之间的柱下挂骑马雀替，与隔板上留出的花窗构成演出的背景。两柱的额枋上有三组斗栱，以补间斗栱装饰最华丽，斗栱上面悬匾额曰“遏云楼”（图4-9、图4-10）。

屋顶由四部分组成。前台三组，后台一组。前台屋顶居中一组为卷棚悬山，另外两组是四坡构造，角部采用嫩戗发戗。居中屋顶高起，出山部分悬于另两组屋顶之上。中间部分与侧边屋顶在立面上的宽度比为2:7:2。后台一组为正脊悬山，正脊两侧屋顶面积不等。

从平面上看，戏台仅仅是一个简单的方形形体，但匠人通过立柱、屋顶的处理，形成集功能、结构与美学于一体的建筑。除了戏台本身，戏台与山门之间共同形成的开放空间，是五龙宫建筑群必不可少的一部分。作为公共建筑，这一部分开放空间可让村民和外村百姓参加庙会，实现了庙宇的公众化。

山门是五龙宫院落与前广场的分隔。山门两侧为钟鼓楼，空间处理十分细致（图4-11）。山门为三开间硬山顶，门居中，为院落与前广场留出了门廊灰空间，门廊地平高于院落和前广场的地平。山门东为钟楼，西为鼓楼，两楼上层为卷棚悬山，下层砖造台，下留拱形门洞，当中设门。钟鼓楼比山门略高，立面上它们互相独立，以矮墙连接，共同形成活泼的天际线。

图4-11 五龙宫山门

五龙宫院落长宽比为2:3，院墙高约2.5米，将视线控制在院落范围，视线所及仅见建筑、树和天空等，强调了神灵的氛围。院落正中有一眼井，院落北端是五开间正殿（图4-12）。正殿台基高0.9米。正殿留有前廊，廊下额枋施以彩绘。殿内供奉四海龙王及龙母，龙母居中。神台与门之间留一条细长廊子，供拜祭的人们活动。

图4-12 五龙宫院落及正殿

3.东阁

东阁是一座两层建筑（图4–13）。下层为拱券，上层为三开间硬山双坡顶房屋。这种类型的建筑一般都设在村口。一方面，是利用下层的拱券作为通道，形成一夫当关的形势。这种结合地势所设的关卡，在同治十年（1871年）镌刻的《重修玄天阁观音阁碑》中，给出了明确的说明："立阁伊始而觇其大势，诚此地之关防，为一乡之扃键。"另一方面利用上层的阁楼，供奉神灵，寻求心理上的安全感。东阁这类阁楼一般都供奉两尊神灵，这里朝东供奉玄天大帝，朝西供奉观音。《重修玄天阁观音阁碑》中记载："东向祀玄天大帝，西向祀观音尊神。"而在《重修观音阁真武阁碑记》中，则说明了这样安排神灵的作用："所祀之神一面则玄天上帝，保障应乎一方；一面则观音大士，慈德普乎万姓。"

东阁西立面，拱券正上方所刻"观音阁"的石匾是明万历三十三年遗物。据此推断，大阳泉村这种结合自然环境和精神认知的人居观念至少在明代就已形成。由此，笔者更肯定，通过实测得出的东阁与东槐及东五道庙之间的关系，是古人精心安排的结构。东阁的历史价值，不仅在于建筑艺术的精美和建筑技术的高超，更在于传统人居环境和人们心理文化的表达。

这种对人居环境的保护，在大阳泉村一直延续着。乾隆年间，曾有保护西槐的事件。乾隆四十七年（1782年）《庙前老槐树记》"乾隆四十七年，因修广胤圣祠居，众共议捐费，欲伐为栋梁……然谓此树尤风水攸关也……"；中华民国7年（1918年），大阳泉村冯氏在村东沿开矿，村民为防止这种行为破坏村落的人居环境，而立下《禁止沿村开矿石铭》，可见大阳泉村人重视人居环境的保护。

东阁的南侧，有一组院落，据碑文所述，过去是仙翁庙。该院正房下层为窑洞，上层三开间木构双坡建筑，"嘉庆二十三年创修庙"，现在为村民居住。如果没有仙翁庙，东阁就会显得过于单调，而缺少美感。大阳泉村正是在时间上慢慢积累，一点一点的修建中，才变得越来越有韵味。

4.义学堂

义学堂是魁盛号东家郗象峰父子倡办的魁盛号子弟修学之所，原名"广储馆"。清代

图4-13 东阁

后期提倡创办义学，郗象峰“闻其风而慕之”，他教导众人：“王道也，非教何能？村野山林，岂□少姓天超迈可以造就者，患在豆釜（上缺）”，清同治十三年（1874年）献地办学。他决定将自家的广储馆捐出，又献地九十四亩半，大兴义学。然而却未能如愿，“仆夙志未伸也。亟命长子森之、三子成之、长孙凤鸣修业之所广储馆，设以作延师之资，俱使施于公中。择值正人经营□，而是岁夏杪公即□”。其子森之、成之继承父亲遗愿，继续修建校舍，1875年义学堂正式开学，并有详细的教学规定：“请师须择有品行者，临街铺房所得房钱，每年经理义学经理人入学租地户先要。”[1]

光绪十年（1884年）十月十八日所立的《兴学碑 大阳泉创修义学碑纪（正面）》中，对郗家献地的内容有着详细的记载：

“□本村枣堰地七亩，麻巷地□堰十亩，沙沟地一堰一亩半，东河地一堰二亩□，□巷地三堰□□，以上带粮七斗七升三合八勺。东平地三堰七亩，带粮一斗二升，范家垴地地三堰四亩，又下堰一段四亩，带粮一斗一升。

“义井红栊湾地六亩，带粮一斗一升二合。南垴地五亩，带粮一斗。北沟河地四亩，二里坡地三堰□□，小阳泉磨虫石地一堰三亩两分，带粮二斗。

“小西庄村湾腰凸地六堰六；石圪叠六堰三亩，前头地六堰三亩，带粮二斗二升五

图4–14 大阳泉街上的义学堂

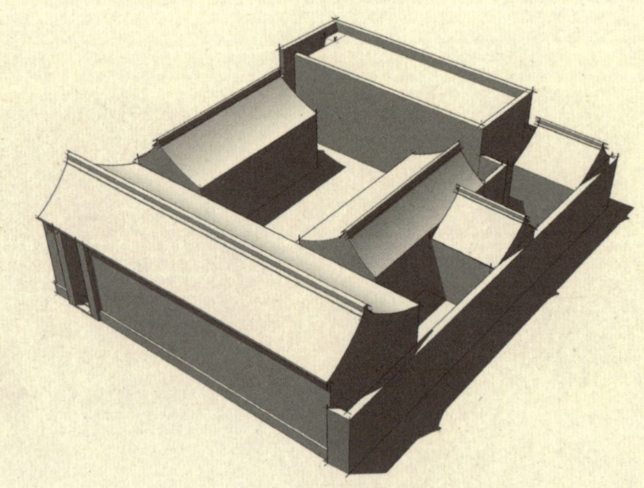
图4–15 义学堂体块模型示意图

1 见《施好善》碑。

图4-16 义学堂院落

合。西河村柳树坡地四堰，三亩五，庙路西地大小六堰四亩，带粮一斗一升。以上共地九十四亩半，带粮一石七斗五升零八勺。

“立施约人郗森之，今施到本村。义学房院一所，并外村本村地共计九十四亩半，随贷原红契八张……共带实粮一石七斗五升零八勺。”

义学堂坐落于大阳泉主街较为中心的位置（图4—14），坐北朝南，一进院落，由两组并列院落构成（图4—15）。现存建筑为新中国成立后重修（图4—17）。写有“义学堂”的匾额悬于门上，古朴儒雅、苍劲有力（图4—18）。义学堂门楼高大深远，分里外双间，为典型的清代双坡屋宇形式，其屋檐与两侧房屋连成一体。外间门洞挑檐深远，额枋、挂落皆

图4—17 银杏古树

图4-18 义学堂门楼

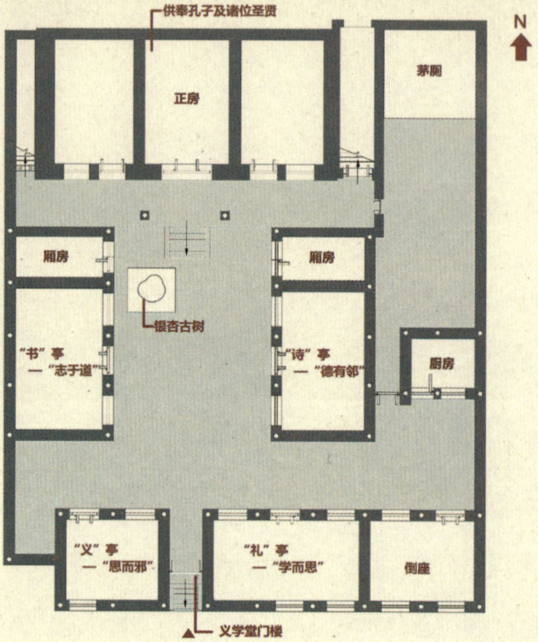

图4-19 义学堂院落平面图

施彩绘，雀替为镂雕，辅以龙纹和祥云图案。门洞较深，两侧均为厚实的砖砌门垛墙，墀头砖雕精美。门扇立于檩脊之下，双开，每扇门上有4排，每排5颗共金钉20颗。

《义学碑》记载：“义学房院一所，正窑三眼，东房西房四间，大门东西铺房八间，东院正房二间，毛厕厦棚三□。[2]”现存建筑与所记相符，东西两组院落，西侧正院为教学之用，东侧偏院为贮藏和厕所（图4-19）。

图4-20 义学堂正房

2　《兴学碑 大阳泉创修义学碑纪（正面）》。

立于正院之中，目光首先被雕刻精美的窑洞所吸引。正房窑洞为典型的“明柱厦檐高圪台”形式，中窑外接单坡挑檐柱廊，檐口挑出约两米，飞檐翻卷，瓦脊精致（图4–20）。檐口和脊皆高于两侧厢房。檐下镂雕斗栱，额枋彩画、柱间挂落制作精巧；明柱之上挂有“忠恕孝悌，礼义廉耻”楹联，鼓励后人；圪台高度约为1米，与地面通过6级台阶相连。当心间一眼单窑，内供奉孔子像及孟子等圣贤牌位[3]，是昔日先生、学子的祭拜之所（图4–21）；两侧为单窑双孔，是先生办公休息的地方。端两侧皆有楼梯，可通向窑顶（图4–22）。

东西厢房各四间，硬山双坡屋顶，两侧均为砖砌墙体直接屋檐。靠近北侧一间独立，其余三间檐下居中一间双开门，另两间两侧开窗。南侧倒座加之门楼洞口共八间，门楼两

图4–21 孔子圣像及圣贤牌位

图4–22 通往窑顶的楼梯

3 从西向东，依次为亚圣孟子、宗圣曾子、复圣颜子、述圣子思子。

侧、南房端部有四组石砌砖墙直接屋檐。东西厢房及南房，分别称为东堂、西堂和南堂，是昔日学子的课堂。

偏院正房二间为厨房，茅厕及厦棚三间在厨房北侧，与主院通过屏门相连。

大院东、西厢房及南侧大门东、西倒座房组成诗、书、礼、义四间房，依据《论语》，分别命名为“德有邻”、“志于道”、“学而思”、“思而邪”。简洁雅致的院落，表现儒雅脱俗的气质，具有浓郁的书香气息。

院中至今保留一株珍贵的银杏树，2003年被誉为阳泉市十大古稀树王之一。树高17.2米，胸径0.63米，主干通直挺拔，叶片小巧玲珑。枝繁叶茂，优雅自净。

平定州历史上第五位解元公杨大芳，光绪年间曾就读于此，光绪二十九年（1903年）中举人第一名，三十年（1904年）中甲辰科进士；下魁盛号子弟郗三善，十六岁前在此读书，宣统三年（1911年）留法读中学、大学，1917年考入英国哈菲尔德工业大学，曾为太钢、阳钢、首钢的设计者；美国旧金山硅谷的博士后梁安辉，在这里度过他的小学、初中阶段……义学堂重教兴学，状元、举人、进士大量涌现，培育了无数莘莘学子，使得优秀的文化传统在村中代代相传。

立于清幽寂静的古村中央，“人之初，性本善”、“赵钱孙李、周吴郑王”的吟诵仍似在耳边回荡，余韵绕梁，娓娓传向远方。

5.冯氏宗祠

据现有史料，元朝时期冯姚郗范是村中四大姓氏。冯郗二姓至今仍为村中主姓。冯氏宗祠，自然是重要的历史遗存。

沿着冯家巷一路向北，尽头就是冯氏宗祠（图4-23）。逐渐升高的地面，让人不禁心怀敬意，虔诚肃穆。作为冯氏家族精神教化的圣殿，冯氏宗祠以古朴典雅的建筑风格展示着冯氏曾经的辉煌。

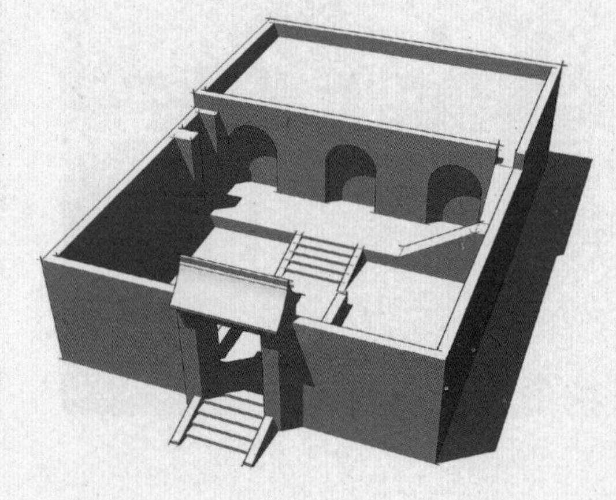

图4-23 冯氏宗祠体块模型

冯氏宗祠建于道光三十年（1904年），《创修家庙续修族谱碑记》[4]中有着这样的记载："元明以来，祖庙未立，谱系亦存而未记，自嘉庆年间，鉽公重为纂辑，而谱系稍详，迨今支派益繁蒸，尝无祠，良可慨也。道光辛丑春，族人思以祖田七亩易为立祠之赀。适有大录公遗地一段，古槐二株，其本支施诸合族，作为庙基。"又有《冯氏家谱——重修世代更正》"序四"记载："迨于道光三十年，我先人讳三成公等，兴起建修宗祠家庙一所，其捐资工作等事，刻立石碑永垂不朽。"宗祠虽然建立，周边的辅助建筑却并未完善，"虽宗祠克建，而高阁配庑未备，心殊歉然，后之人有因其意而增修者，则冯氏之大幸也。是为记"。[5]

此时的冯氏宗祠有"石洞三座，小砖窑二座，堂阶中门，群墙护之"。[6]

冯氏宗祠为一进院，由外向内依次为大门、庭院及正房（即正窑）（图4–24）。大门为典型的双坡屋宇形式，门洞较深，两侧为砖砌门垛墙。冯氏宗祠的匾额悬于其上，虽历经岁月洗礼，仍见当年的威严肃穆（图4–25）。

迈进大门，一条石铺甬路将人们的视线引向正窑，在左右两侧青松翠柏的掩映下，更加衬托出宗祠的不凡之气（图4–26）。正房建于圪台之上，由6级台阶连通庭院。正房三眼单窑，中窑又名忆念堂，供奉冯氏先祖，窑中有冯氏牌位以及石碑五座，石碑中最为著名的是《冯公建

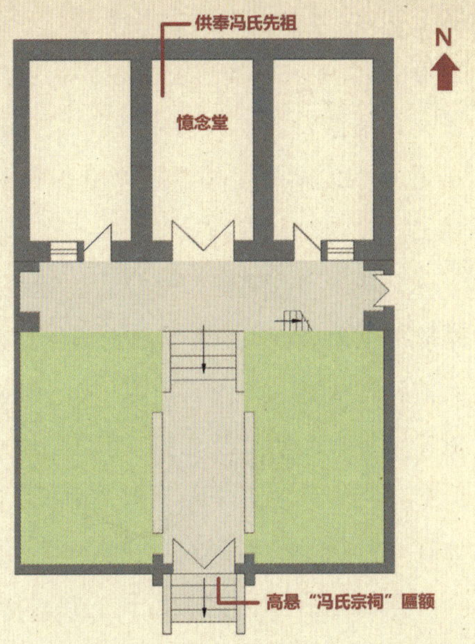

图4–24 冯氏宗祠院落平面图

图4–25 冯氏宗祠门楼

4 碑文撰写于道光三十年孟春。
5 自《创修家庙续修族谱碑记》。
6 自《创修家庙续修族谱碑记》。

墓志》[7]。牌位供桌两侧各有香亭一座，其中东香亭[8]的碑文上仍保留元好问及王构[9]的诗文（图4-27）。石碑记录着冯氏迁居大阳泉以来的历史。“夫自鉞公修谱，越今数十年，谱系又将失续，恐其久而难稽”，于是“旁搜远采，考正为编，更列世系牌位于祠之神龛，续谱至此又详焉。而古坟碑迹类多倾坏，因并移于祠中，庶几妥侑先灵者有地，而碑迹亦不至于湮没于风雨矣。”[10]

村中人十分看重祭祖仪式，通过对祖先的崇拜与尊敬，来寄托后人的哀思与敬仰，增强家族的凝聚力。冯家不仅在过年、生子等重大时日进行祭拜，明清时也曾组织过几次较为盛大的祭祖仪式，称为“典祖”。”典祖”有着严格的程序。首先是要选“活祖”，一般由全族年纪最大或辈分最高的长者担任。然后要在祭拜的前一天洒扫庭院。接着便是正式的仪式内容。在祭拜的第一天，由“活祖”带领族中的男子去祖坟祭拜；第二天，钟磬齐鸣，全族人在“活祖”的带领下，按辈分依次向祖先行三拜九叩的大礼，场面尤为壮观。

肃立于宗祠之前，昔日的祭拜场面仿佛浮现在眼前，香烟缭绕，一派肃然。古老的门楣泛着沧桑的土色，衬着参天的古树，一种莫名的思绪在心底浮游。

图4-26 冯氏宗祠院落内景

图4-27 忆念堂内景

7 冯公，即冯大来，谱名冯泰亨，大来为其表字，冯氏第五代传人。《冯公建墓志》由王构撰写。王构，字嗣能，号秦溪，国子监司业。

8 东香亭全高1.68米，上柱六棱高0.5米，棱宽0.165米，下柱六棱高0.65米，棱宽0.165米。

9 王构（1245～1310年），字肯堂，东平人。生于元太宗皇后称制五年，卒于武宗至大三年，年六十六岁。

10 自《创修家庙续修族谱碑记》。

装饰艺术

ZHUANGSHI YISHU

明清时期，建筑装饰与大木作不同，不大受建筑结构的约束，更多根据使用者的喜好而定。因此尽管单体建筑差异不大，但装饰却繁简不一，内容丰富，形式多样，体现出特定地域和生活方式下的独特人文内涵，是当地民众精神的寄托和智慧的结晶。

大阳泉村的装饰图案内容非常丰富，按其类别大致可分为植物类、动物类、植物动物混合类、器物类、文字符号类等。这些装饰图案主要根据宅主人及工匠的喜好而定，大都比较自由，不拘形式，同时又符合"有图必有意，有意必吉祥"的传统民居装饰理念。

1.墀头上身装饰艺术

所谓墀头，是指硬山顶房屋山墙突出两端檐柱以外的部分，处于整个建筑立面边框的位置。按其构成，墀头可分为上中下三个部分，上为盘头，中为上身，下为下碱（图5–1）。

大阳泉村的墀头装饰极具特色。如果按照清代的普遍做法，墀头装饰的重点应主要集中在上面的盘头部分，通常雕于斜置的戗檐板上。但大阳泉村的墀头装饰有所不同，装饰的重点不在戗檐板（因为出檐而形成的斜面）上，而是集中在上身的一部分。这样一来，重心下移，更接近人们的视线，便于人们欣赏（图5–2）。

大阳泉村的墀头装饰中常见的植物图案多以寓意吉祥的花卉为主，也有民间喜爱的四季瓜果。此类图案多用于砖雕的侧部，面积较

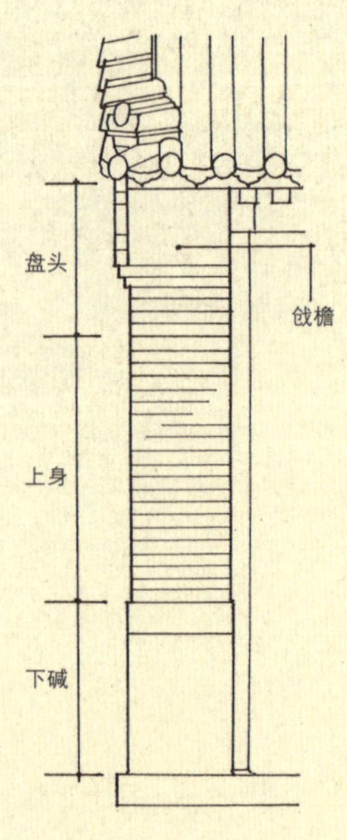

图5–1 墀头构成示意图

图5–2 大阳泉村典型墀头上身装饰部位

图5-3 正元堂梅花装饰纹样

图5-4 景元堂梅花装饰纹样

小，简单生动。

“梅兰竹菊”四君子是常用的植物装饰题材，用来比喻高洁的品格，以彰显宅主人高尚的道德情操和精神追求。梅花作为四君子之首，在严寒中绽放，代表了不屈不挠、勇往直前的精神。村中正元堂的这一例墀头（图5-3）即以梅花为主体装饰图案。图中的梅花造型虽较为简朴，但枝干挺拔，雕刻手法遒劲有力，充分体现出其顽强的生命力和不屈的性格。景元堂的另一例墀头（图5-4）也以梅花为主体图案，但风格却有所不同，图中的梅花花枝招展，生机勃勃，下方还有兰花为伴，图案整体细致精巧，突出了其秀美的气质。

图5-5 景元堂菊花装饰纹样

图5-6 松茂号门楼墀头内侧

菊花也是常用的图案。菊花能益气提神，有助健康，故被古人命名为“长寿之花”；同时菊花具有不畏严寒的高尚品格，被人们所推崇，有诗曰“风劲斋愈远，霜寒色更艳”，故菊花理所当然地成为花中四君子之一。大阳泉村中景元堂（图5-5）、松茂号（图5-6）、魁盛号（图5-7）的墀头上都雕有菊花

图5-7 魁盛号菊花装饰纹样

图5-8 景元堂高房墀头外侧

图5-9 景元堂二门里间墀头

图案，造型均简洁大方，自然纯朴，恬淡宜人。

除“梅兰竹菊”四君子外，荷花也常见于各种装饰图案中，因其清新脱俗的形象、出污泥而不染的高贵品格备受人们的喜爱。景元堂的这一例墀头（图5-8）图案中的荷花清雅秀气，表达了宅主人对高尚情操的追求。

瓜果类图案在墀头装饰中也较为常见。在景元堂二门的墀头（图5-9）中雕有一株瓜蔓，蔓上结有两个硕大的南瓜，枝叶蜿蜒缠绕。墀头的上方饰有竹节图案，下方又迭有须弥座，座上饰有回纹卷草图案。民间认为，南瓜多籽，寓意“多子多孙”。两为双数，寓意好事成双。整幅图案取材农家，富有浓郁的生活气息，既寄托了主人子孙繁衍、人丁兴旺的美好愿望，又表达了农民对丰收和美好生活的追求。

“三多”图案是一种较为古老的装饰题材，源于一个历史典故。据《庄子·天地》记载，尧巡游到华地，华地的封守者前来迎接，说道：“圣人来

图5-10 村中三多题材之佛手、仙桃纹饰墀头

了，为圣人祝颂，祝圣人长寿，祝圣人富有，祝圣人多子。”此即“华封三祝”。其中，仙桃是长寿的象征；佛与福、富谐音，寓意为多福、富有；石榴多籽，寓意多子多孙。佛手、桃子、石榴三者组合起来，就是“三多”图案。大阳泉村中虽没有上述几种图案的组合，但以佛手和桃子单独做装饰的墀头图案还是很容易看到。村中的几例墀头图案中佛手的造型各异，枝叶缠绕流畅，果实饱满（图5-10）。

魁盛号有一例墀头（图5-11），上下共雕刻了四串葡萄，构图饱满，错落有致。葡萄的茎成蔓带状，蔓带与万代字音相近，且葡萄多籽，因而古人常用葡萄来表达“子孙兴旺，万代不断”的美好愿望。广泰昌的墀头中也雕有两串葡萄，布局对称，形象生动（图5-12）。

麒麟是民间构思合成的神话动物，位居四灵之首，传说其性情温顺，头上有角，被儒家奉为“仁兽”。在大阳泉村景元堂的这例墀头（图5-13）图案中，麒麟造型逼真，雕刻精

图5-11 魁盛号葡萄纹饰墀头

图5-12 广泰昌葡萄纹饰墀头

图5-13 景元堂二门外间墀头

图5-14 村中其他麒麟纹饰墀头

细，不仅鳞片可见，其张口回头望日的生动姿态也给人呼之欲出的感觉。墀头的下部还设有须弥座，雕有草龙图案，起到了很好的烘托作用。整幅图案气势宏大，装饰重点突出。

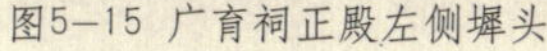
图5-15 广育祠正殿左侧墀头

图5-16 松茂号门楼墀头内侧

村中的其他几例墀头图案中的麒麟造型也多为望日姿态（图5-14）。“麒麟望日”寓意天官赐福，有祈求升官发财之意。

龙在大阳泉村的墀头图案中也较为多见。龙是中国民间最大的神物，人们普遍认为龙是水神，同时还是天象的象征。民以食为天，在以农耕为主导的中国传统文化中，人们认为天象决定农作物的收成，关系人间祸福，龙因此成为人们崇拜的神兽，频频出现于各种装饰图案中。大阳泉村也不例外。村中的松茂号和广育祠的墀头中都雕有龙的图案，它们

图5-17 魁盛号祭祖堂两侧墀头

图5-18 村中牡丹引凤纹饰墀头

头似龙，身体若云一般，民间将这种经过变形、已经符号化的龙，称为夔龙或草龙。在各种装饰图案中，龙的形态多变，如广育祠墀头（图5-15）中的龙向下呈俯冲降龙之势，而松茂号墀头（图5-16）中的两条游龙为“行”的形态。

凤凰为百鸟之王，寓意祥瑞、富贵，大阳泉村中有多户人家的墀头装饰采用了凤凰图案。魁盛号（图5-17）祭祖堂的左右山墙上雕刻了一对凤凰。凤凰与牡丹的组合图案（图5-18）在村中更为多见，这种图案在民间被称为“凤穿牡丹”、“牡丹引凤”或“凤戏牡丹”。牡丹为百花之王，亦被称为富贵花，象征荣华富贵。两者组合，寄托了人们对荣华富贵、美满生活的向往和追求。

鹿在民间亦是祥瑞的象征。鹿与“禄”谐音，象征福禄、官禄。俗语称“路见白鹿”是升官晋爵的征兆。在各种装饰图案中，鹿的造型多取回头姿态，所谓“十鹿九回头”。

图5-19 松茂号门楼右侧墀头

图5-20 村中某鹿纹饰墀头

图5-21 松茂号门楼左侧墀头

图5-22 景元堂鹿纹饰墀头

图5-23 张家疙倒座房左侧墀头

松茂号的右侧墀头（图5-19）和村中另一例墀头（图5-20）就采用了此种造型。而松茂号的左侧墀头，鹿的造型更富动感，双鹿戏逐林间，寓意路路顺利（图5-21）。取鹿的正面

图5-24 祥瑞堂正院厢房右侧墀头

姿势造型的图案较为少见，景元堂的这一例墀头图案中，鹿双目直视前方，形态笨拙，憨厚可爱（图5-22）。

马通常被认为是聪明、忠诚、勇敢的动物。在《易经》中更是将马象征为天，即“乾为天”。村中张家圪台的墀头中雕有一匹英姿勃勃的马，扭头回视，前蹄凌空跃起，生动形象（图5-23）。祥瑞堂的墀头中除了马外，还雕有祥云与波浪，是传统的“海马流云”造型，表现出一种天马行空、志在千里的气势，寓意事业蒸蒸日上。然而图中马的造型有些动势不足，略显遗憾（图5-24）。而上四义号墀头中的马，采用平雕手法，造型简括凝练，线条干净利落，极富动感（图5-25）。

狮子是外来物种，随佛教传入中国，是佛教中的护法神兽，故常被人们安置于大门两侧，起看家护院、威震一方的作用。除此之外，狮子还常见于各种建筑装饰图案中，大阳泉村中有一户人家就在院落门楼的墀头上雕了一对狮子。按照惯例，门楼左侧的墀头上常雕一只母狮和一只幼狮，右侧的墀头上雕一只公狮。母狮幼狮又被称为太狮少狮，谐音“太师少师”。太师少师都是官职名称，象征官禄亨通、飞黄腾达。这幅图案中的狮子丝

图5-25 上四义号过厅山墙右侧墀头

图5-26 村中某户狮子纹饰墀头

图5-27 张家圪台大门右侧墀头

毫没有凶猛恐怖之状，反而略带顽劣（图5-26）。而张家圪台墀头上的一对狮子，形象就大不相同，虽左侧已毁，但右侧脚踩绣球的公狮还是极具气势、威风八面（图5-27）。

图5-28 德裕成临街立面墀头

所谓"堂前珍禽飞，屋后瑞兽行"，珍禽和瑞兽往往相辅相成，共同出现于各种建筑装饰图案中。在大阳泉村"德裕成"临街后檐墙的墀头上就有一组飞禽图案，下面为附有蝙蝠图案的须弥座。因为蝠与"福"谐音，故被当作幸福的象征。图案中既有比喻夫妻和谐、相亲相爱的鸳鸯戏荷，也有象征吉祥富贵的牡丹、凤凰，还有鸭、鹅等生活中常见的家禽。这一组以水边禽鸟为题材的系列砖雕，生活气息浓厚，形象生动，构图一致，十分难得（图5-28）。

现实中的蝙蝠形象并不是那么好看，甚至有些丑陋，但在建筑装饰中，因为其寓意吉祥，人们常常将其形象加以美化。景元堂的这幅砖雕墀头图案由蝙蝠与一枚铜钱组成，祥云从钱眼中间穿过，象征福气与财气，民间俗称"福在眼前"（图5-29）。

葡萄多籽，象征多子多孙，松鼠尾长，寓意福运绵长、子孙繁衍不尽。大阳泉村中魁和祥（图5–30）墀头装饰和村中的另一例墀头装饰（图5–31）就采用了松树和葡萄组合的图案，图中的松鼠造型虽不精巧，但也笨拙可爱。

图5–29 景元堂高房山墙墀头

在广泰昌的院落中，左右厢房的墀头上分别雕刻有蝴蝶与瓜，蝶与瓞同音，这组图暗指“瓜瓞绵绵”，表达宅主人希望多子多孙、子孙后代绵延不绝的美好愿望（图5–32）。

村中这一例墀头上雕刻有蜘蛛与豆荚。蜘蛛憨态可掬，豆荚果实饱满。在古代，蜘蛛被视为“吉兆”，称其为喜子，寓意喜从天降（图5–33）。

图5–30 魁和祥松鼠葡萄纹饰墀头

图5-31 村中某松鼠葡萄纹饰墀头

图5-32 广泰昌厢房两侧墀头

魁盛号过厅后檐的墀头上雕刻了一组“暗八仙”图案（图5-34），用八位仙人手持的法器来暗指八仙，分别为铁拐李的葫芦、汉钟离的扇、吕洞宾的剑、曹国舅的玉板、韩湘子的笛子、蓝采和的花篮、何仙姑的荷花以及张果老的鱼鼓（图5-35～图5-38）。这些貌似简单的器物，因融入了中国传统文化而蕴含深意。八仙是正义的化身，“暗八仙”图案表达了人们对惩恶扬善、伸张正义的侠义行为的推崇。

琴棋书画也是民间常用的雕饰题材，藉以表达宅主人对高尚情操的追求（图5-39）。大阳泉村景元堂二门门楼墀头侧面的图案中就分别雕有“琴棋书画”，可惜琴的图案现已不存（图5-40）。

“如意”因为寓意吉祥也是很常见的装饰题材。在大阳泉村中有几例雕有如意的墀头图案，图中的如意线条优美，形式多样，头似灵芝，柄微曲，配以飘舞的彩带与流动的云纹，给人一种飘忽灵动、梦幻欲仙的感觉（图5-41）。景

图5-33 村中某蜘蛛纹饰墀头

图5-34 传统暗八仙纹样

图5-35 魁盛号暗八仙纹之葫芦、玉板纹饰墀头

图5-36 魁盛号暗八仙纹之宝剑纹饰墀头

图5-37 魁盛号暗八仙纹之鱼鼓、花篮纹饰墀头

图5-38 魁盛号暗八仙纹之笛子、宝扇纹饰墀头

元堂的如意图案中还雕有戟和串珠，戟谐音“吉”，和“如意”搭配，寓意吉祥如意（图5-42）。

大阳泉村中，我们还可以见到文字类的装饰图案，其中，“福”、“禄”、“寿”、“喜”都是象征美好的字眼，为人们所喜爱，在装饰中也较为常见。如正元堂和白家大院

琴

棋

书

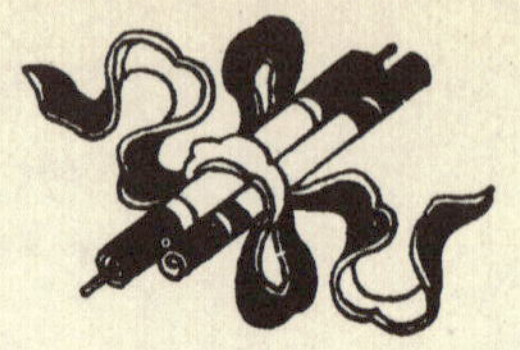

画

图5-39 传统琴棋书画纹样

图5-40 景元堂二门外间墀头内侧

图5-41 如意纹饰墀头

图5-42 景元堂二门里间墀头内侧

图5-43 正元堂“寿”字纹饰墀头

图5-44 白家大院“寿”字纹饰墀头

图5-45 卷草纹饰墀头

的墀头都采用了“寿”字为装饰图案（图5-43）。白家大院中的“寿”字呈圆形，原为篆书的一种写法，后逐渐演变为一种装饰图案，称为“团寿”，寿字周围以卷草纹填补余隙（图5-44）。

卷草纹是在植物枝茎的基础上变形而来的，在装饰性图案中常以辅助性花纹的形式出现。它产生的年代很早，随佛教传入我国，唐朝已广泛使用，故被日本人称为“唐草”。在大阳泉村的几例墀头图案中，卷草纹作为主体单独出现，构图稍显单薄（图5-45）。

图5-46 上四义号角石

2.墀头下碱角石装饰艺术

在传统建筑中，墀头下碱部分的角石一般是不作装饰的，但大阳泉村的角石却成为了装饰的重点。从“上四义号”这块破碎的角石中可以清楚地看到它的构造，主体由上下一横一纵两块石料组合而成，讲究的角石还在下方垫须弥座承托（图5-46）。下碱同上身一样通常成对出现，构图一致，题材呼应。

广泰昌门楼外间的这两块下碱石是大阳泉村角石装饰艺术的代表之作，不做深度雕刻，以境取胜，含蓄而大气。左侧构图中心虽雕刻牡丹凤凰，却无富贵、繁缛之气，而显清新淡雅。右侧蝴蝶水鸟莲花，清秀的风格与题材更是相得益彰。整块角石图案部分被精心打磨，底图部分凿低一层，未加修饰，保留了石材的粗糙本色，凸显了图案本身的精致细腻。周围卷草纹与外框相连，下方叠有须弥座。雕刻工艺精湛，浮雕浅如线刻，却层次丰富，令人叹绝（图5-47）。

景元堂垂花门这例角石雕刻也十分精美，左右角石上部均雕刻“喜鹊登梅”图案，下部则为莲花与苍鹭。鹭与“路”同音，莲花又称芙蓉花，取其谐音“荣华”，所以此种鹭荷的图案习惯被称为“一路荣华”，寓意主人一生中处处荣华富贵。两幅图案题材一致，飞鸟却一动一静，相互呼应，生机盎然（图5-48）。

图5-47 广泰昌门楼两侧角石

图5-48 景元堂垂花门两侧角石

四达堂的这例角石则追求平面表现的效果。上方图案以卷草为主，弯曲变化而不失韵律。走近端详，更有一条草龙藏于纹中，若隐若现。下方两耳花瓶的造型颇具古风，一株牡丹缓缓从中升起，与世无争，整个画面平静而安详，给人以家的感觉（图5–49）。

张家圪台角石为高浮雕，左右图案对称，雕刻“凤戏牡丹”，牡丹花朵饱满圆润，尽显富贵之气（图5–50）。

图5–49 四达堂门楼两侧角石

图5–50 张家圪台门楼两侧角石

图5-51 魁盛号二进院门楼两侧角石

同样是牡丹题材，相比之下，魁盛号的这一对就素朴了不少，横石以仙桃、佛手做简单装饰（图5-51）。

正元堂左侧角石上方雕喜鹊望梅，中部浮雕奇石，一旁伸出三棵竹子，枝叶繁茂，构图饱满，一只小鸟落于其上，形成视觉中心。右侧中部图案以一片片叠合的松叶为主，疏密有致，横石雕有飘逸的兰花。竹、兰、梅、松四种图案又正好组合成了四友图，表达了主人的清高品格及洁身自好的愿望（图5-52）。

魁盛号的祭祖堂山墙前置有四块角石，两两对仗。中间两块为一组，上部雕刻佛手仙桃，左侧中部为双鹤立于苍松之下，右侧虽被杂物遮挡，但依稀可辨是鹿的造型，这样合

图5-52 正元堂垂花门两侧角石

图5-53 魁盛号祭祖堂四块角石

起来组成了六合同春的图案。六合，指天地和东西南北，亦泛指天下。“鹿”与“六”、“鹤”与“合”谐音，松树图案用来表达春意，意即天下皆春，万物欣欣向荣。此外，因民间传说鹿是瑞祥之兆，古人以白鹿为贵，将其视为仙人坐骑，兼有长寿之意，而鹤又喻千年之寿。故这种图案的组合还象征夫妻偕老，百年长寿。

最外两块图案又构成了一组。上部横石共同雕刻了不常见的山水人物图案，左侧中部人物好像坐在浪花之上，一边吟诗，一边扬起长袖，召唤远方的大雁，描绘了青年壮志；不远处雕出含苞待放的荷花和亭台楼阁。右侧一老翁则半卧于平静的湖水旁，松树旁边有一座小庙，整体显得安逸平和。下方主体图案分别雕刻了一对牛羊，形态也是动静区分明显，前者卧，后者则在林间奔跑跳跃。这一连串图案似乎在隐喻后人，人的一生分为不同的阶段，每一个时期都应安于其分，各取其乐。整个画面景物布局错落有致，虽无一处空隙，却不繁冗（图5-53）。

村中还有几例角石做成矮柜造型，甚是有趣。上部横石呈抽屉状，拉环逼真写实，景元堂的这例更被做成了菊花状，雕工极其精美。柜门中心以期盼长寿的龟背纹作装饰，整个角石生活气息浓郁，富于地方特色（图5-54）。

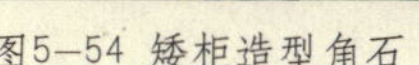
图5-54 矮柜造型角石

图5-55 博风头典型装饰部位

3.博风头装饰艺术

砖筑山墙的装饰主要集中在仿木结构的人字形博风板两端的博风头上，在砖与石不同质感和色彩的对比中，山墙变得十分生动（图5-55）。

大阳泉村的博风头与其他装饰相比，并不十分精致，但是将它置于严谨工整的砖作墙面上就显得对比强烈，繁简得当了。由于面积所限，装饰图案以抽象事物为主。

图5-56 卷草纹饰博风头

图5—57 叶片纹饰博风头

图5—58 植物纹饰博风头

将博风头雕刻成卷草纹是村中的常用做法，卷草流畅简单的造型，自由卷曲的形态正好契合了博风头所处的位置和装饰的需要，既简洁又极富曲线变化之美，具有很好的装饰效果。每块博风瓦头侧面还做了极小的装饰，可谓毫发毕至（图5—56）。

图5-59 花卉纹饰博风头

除卷草纹外，博风头上也不乏使用具象植物的例子，如广泰昌、上四义号这两例就仅以一叶片作为装饰，简单而生动。景元堂和魁盛号的博风板上则分别雕了两颗香瓜、两只仙桃，寓意好事成双，样子甚是喜人（图5-57）。

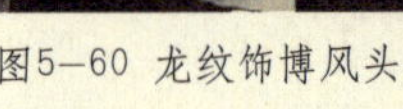

图5-60 龙纹饰博风头

简单对称的花卉在博风头中也很常见，匠人们往往将半朵花悬于板外，利用花瓣的造型作为整块博风板的收头，使原本呆板的山墙面变得生动而活泼（图5—59）。

还有一些博风头以龙纹作为装饰，大部分是象征性地雕出夔龙龙首（图5—60）。较为特别的是景元堂的这例，用透雕将整个龙身以卷草纹的形式雕出，装饰意味更浓（图5—61）。

佛家的如意方胜，道家的阴阳八卦，因其图案简单，在博风头上也常有运用（图5—62）。

图5—61 景元堂龙饰博风头

图5—62 符号纹饰博风头

4.脊兽装饰艺术

走在古村中，抬眼望去，到处飞檐交错，吻兽相望，趣味横生，与冰冷的现代建筑形成了鲜明的对比。更令人感叹的是这些屋顶之间的关系并不是有意而为，而是偶然中形成了这些富有韵律的天际线。

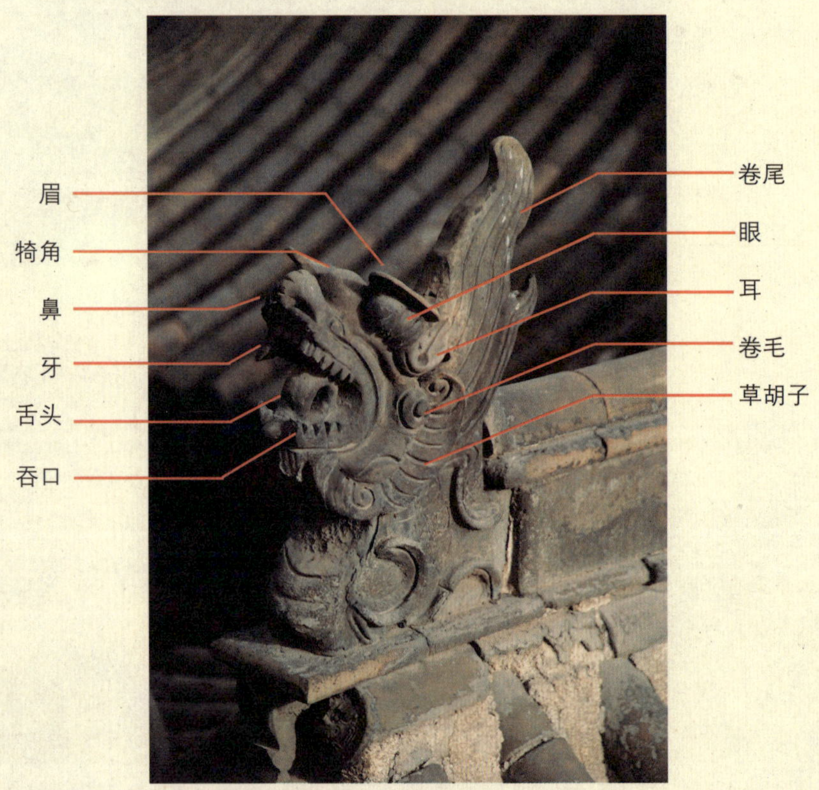

图5—63 脊兽面部构成示意图

村中的脊兽装饰可分为两类，第一类是位于公共建筑如寺庙衙门屋顶上的“吻兽”，它们踞于正脊两端，面朝里，张着大嘴，口衔正脊，做工极其精巧、细腻，造型庄重华贵。第二类则是普遍出现于民居中的“望兽”，与前者最大的不同在于“望”，它们各自眺望远方，神态生动，虽做工选材不及前者，但遥相呼应，生动而有趣。

传说龙生九子，螭吻正是九子之一。相传螭吻住南海，能喷水成雨。对于中国传统木构建筑来说，火无疑是最大的敌人，螭吻装饰在屋顶之上，既满足构造要求，又取镇火驱邪之意。村中正元堂的这例螭吻十分典型，结构清晰可见（图5–63）。

广育祠和五龙宫的正殿都是采用“吻兽”形式，而五龙宫的这例造型更为奇特。匠人将螭吻卷起的尾部顺其形态又雕刻成了一只充满稚气的小兽，因此变成了长有两个龙头的螭吻，造型饱满圆润，庄重中又不失趣味（图5–64）。广育祠这例龙尾向前翻卷，身上附有仔龙，是典型的清代吻兽样式（图5–65）。

图5–64 五龙宫正脊脊兽

图5–65 广育祠正脊脊兽

图5–66 广泰昌门楼脊兽

图5–67 祥瑞堂正脊脊兽

广泰昌的这例脊兽位于门楼脊部正中，雕刻细腻，脸部的三丛卷毛向上卷曲，曲线流畅，层次丰富，表情也略带顽皮的笑意，装饰别有一番风趣（图5–66）。

而祥瑞堂正脊的这例则正相反，眉宇凛然，充满了长者之风（图5–67）。

张家圪台的脊兽双眼突起，吻口微张，勇猛暴躁的性格表露无遗，活脱脱一个脊兽中的“张飞”（图5–68）。村中的另一例脊兽极富动感，嘴部刻画得尤其传神，参照现实生

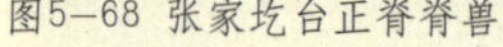
图5—68 张家圪台正脊脊兽

图5—69 村中一户正脊脊兽

活中动物形态加工而得，兽脸侧部突出的三朵祥云增强了立体感（图5—69）。

除了正吻以外，垂脊上还有垂兽。魁盛号的这例吻兽就位于垂脊之上，它眼窝深陷，眼睛圆瞪，望着前院，好像在看家护院（图5—70）。

再看正元堂的这例，吻兽鬣毛如火焰状高高竖起，上面雕刻着波浪状的纹样。身子远远探出屋脊，身上鳞甲片片可见，形象似鱼，雕刻极为生动（图5—71）。

在垂兽的前边，常常排着一队小兽，呈前趋之势，俗称走兽。大阳泉村走兽的装饰受

图5—70 魁盛号垂脊脊兽

图5—71 正元堂垂脊脊兽

官式作法影响，但又不被其约束，较为灵活。五龙宫的这例垂兽前站着一个人，但并不是骑兽的仙人。他头戴饰品，身着鲜艳的服饰，手中还似拿着什么，好像戏曲中的人物，展现了世俗百姓的生活画面（图5-72）。

图5-72 五龙宫垂脊脊兽

正元堂的垂脊上安放了两个吻兽，除脊端部的一个外，在转折处又放置了一个，它们高低错落，随着脊向外转折方向发生错动，虽兽头图案一致，却毫无重复呆板之感（图5-73）。

图5-73 正元堂垂脊脊兽

义学堂的这例则胜在组合关系上。屋脊的组合变化，使得两对吻兽面面相对，远远望去，似两只牛角，非常有趣（图5-74）。每一例的处理也很有特色，它们目视前方，尾鳍高高卷起，意气风发，这大概与建筑教书育人的功能不无关系（图5-75）。

图5-74 义学堂屋顶脊兽

图5-75 义学堂正脊脊兽

松茂号的这例是村中

图5-76 松茂号正脊脊兽

唯一一个紧闭双唇的吻兽，当地人对这种作法的解释十分有趣：张嘴兽用在做官的人家里，上边允许他们讲话；而闭嘴的则用于富商家庭，是不允许乱讲话的（图5-76）。

村中还有一些脊兽经过了艺术化处理。如张家圪台的这例，吻兽的面部几乎全部采用平雕手法，造型如平面的卡通形象，别具韵味（图5-77）。村中的另一例脊兽瞪着圆圆的眼睛，鼓着胖胖的身子，憨态十足，甚是可爱（图5-78）。

还有村中某照壁上的这例则完全脱离了螭吻的形态，用几朵祥云代替了传统的造型，祥云的走势与螭吻的外形配合得天衣无缝，极富创意。也许因为云能生雨，雨能灭火，所以采用祥云造型，更直接得表达了防火的初衷（图5-79）。

村中还有不少造型各异的脊兽，都保存得较为完整，只有一些由于自然原因稍有损坏（图5-80）。

图5-77 张家圪台正脊脊兽

图5-78 村中一户正脊脊兽

图5-79 村中祥云造型脊兽

图5-80 村中其他脊兽

5.屋脊装饰艺术

大阳泉村屋脊砖雕脊饰较为普遍，从高浮雕的牡丹到龙纹龙饰都是屋脊装饰题材。由于屋脊离地较高，离人们视线较远，它们大都采用起伏较大的高浮雕，装饰效果明显。

公共建筑广育祠、五龙宫正殿正脊都以龙纹作装饰，充分体现出公共建筑的庄重与威严。广育祠的龙纹极富动感，四龙如在云雾中翻滚，盘曲环绕着中间太阳状团寿，使整体构图分散而不零乱（图5–81）。五龙宫的脊饰不以精巧求胜，整个龙体大而壮硕，圆鼓的身子浮出脊外，气魄宏大（图5–83）。在脊的正中安放有陶制两层楼阁型脊刹，它与民宅中常见的风水楼一样，是村民祈福、镇邪的精神寄托。民间传说腊月二十三上天的神仙要在正月初一从这里回到人间，作为迎神的场所，脊刹的装饰也就格外讲究。脊兽、瓦当、斗栱、雀替、门扇一应俱全，楼阁下层填实，上层中空，这一方面达到了实用的目的，减轻了重量，另一方面也在审美上功效明显，整个楼阁更显轻盈（图5–82）。

图5–81 广育祠正殿脊饰

图5–82 广育祠脊刹

图5–83 五龙宫正殿脊饰

图5-84 魁盛号过厅脊饰

图5-85 魁盛号门楼脊饰

村中民居建筑应用脊部装饰的较少，唯魁盛号较为集中和精美。魁盛号过厅脊部构造清晰可见，近十余米的屋脊由烧制的若干砖块拼接而成，而每一块砖图案不同，组合起来形成了完整的装饰图案（图5-84）。

魁盛号门楼的脊饰花瓣极薄，似能随风摇摆。在整砖上手工雕刻得如此轻薄，足显古代匠人工艺之精巧，历经百年风雨还能如此完整地展示在今人眼前，实属难得（图5-85）。

魁盛号祭祖堂的脊饰较为庄重、素雅，周身镂空，每一块砖上都刻着同样的枝叶。它们左右相连，如一道道青灰色的波浪，形成一条连续的花带（图5-86）。

松茂号的山墙上可谓极尽装饰所能。布满了牡丹图案的垂脊，与其下一排起着装饰作用的瓦当与滴水，使山墙面变得更加立体生动（图5-87）。

图5-86 魁盛号祭祖堂脊饰

图5-87 松茂号山墙脊饰

6.门窗装饰艺术

老子《道德经》载："凿户牖以为室，当其无，有室之用。" "户"指单扇的门，后亦用以作门的通称。"牖"指窗户。户牖即门和窗。门窗对于建筑构成起着决定性的作用。大阳泉村传统的建筑门窗由于难以适应现代生活的需求，多已被改建，但幸运的是，多数传统装饰特征明显的门帘架[1]被完好地保存了下来，也使建筑的立面十分丰富细腻。

景元堂倒座房的门扇保存最为完整，形制最为典型。门窗都采用隔扇形式，四扇并列，上虚下实，其上还各有整开间宽的横向窗，称为横批窗。四扇隔扇门都由格心和裙板及上、中、下三块绦环板组成。格心部分采用书条式（图5–88）。

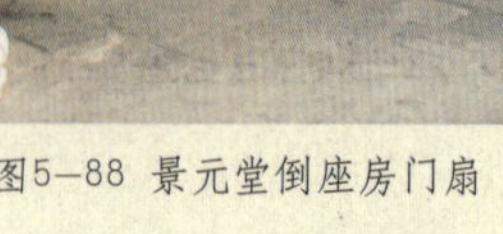

图5–88 景元堂倒座房门扇

祥瑞堂过厅的门帘架十分精美，由于处在檐廊之下，未遭风吹日晒，色彩如新。帘架上方横批窗内分别雕刻了鱼、猴、喜鹊。鱼在古人心中是祥瑞的象征，具有多子多孙的祝福寓意。而猴与侯谐音，寓意仕途顺畅。最右侧的喜鹊旁还雕刻了三颗桂圆，寓意"喜报三元"。此三种图案的组合，运用谐音表达了受封晋爵、年年有余、科举得中的美好愿望（图5–89）。

祥瑞堂厢房立面保存较为完好，未经大面积改

1 门帘架：明间隔扇通常为一樘四扇，两侧的隔扇平时不开启，正中两扇开启，在其外加一层木装修的框架，称为帘架。目的在于冬季悬挂棉门帘，防寒保暖，夏季悬挂竹帘，防止蚊蝇进入室内。

建，窗扇上还如旧糊有半透明的窗纸，至今还作为居住建筑使用，走进其中可以看到些许古人生活的影子。室内光线较暗，白天仍需电灯照明。这对于平日里主要在院中活动的古人来说是合适的，但与今人的生活还是有些不适应。和多数人家一样，门帘已废止不用，在其位置又装了一道外门，整个门扇质朴素雅（图5–90）。

图5–89 祥瑞堂过厅正房门帘架

德裕诚横批窗雕刻的图案是“喜上眉梢”，喜鹊全身施以黑白色彩。早在唐宋时代，喜鹊就被视为喜的象征，五代《开元天宝遗事》载：“时人之家，闻鹊声皆以为喜兆，故谓喜鹊报喜。”固定门帘架的底部被做成香炉造型（图5–91）。

图5–90 祥瑞堂过厅厢房门扇

图5-91 德裕成倒座房门扇

图5-92 张家圪台倒座房门扇

张家圪台门帘架的正上方悬挂了一块大大的匾额，绿色的底纹上题有金色的“五福一堂”，因此成为了整个立面最耀眼的装饰。其下方的门帘架繁简得当，中心刻寿字，两侧附龙头，起到了很好的衬托作用。而位于两旁的隔扇线条挺拔，于节点处雕刻了一只倒置的蝙蝠，表达“福到了”的美好寓意（图5-92）。

图5-93 景元堂窑洞正房门扇

村中院落正房多为窑洞式，为了便于采光通风，多数窗都直开至券顶。由于位置重要，往往装饰十分精美。景元堂正房就是其中的典范，其门扇以上划分为两部分，分别由木雕装饰的横窗和直窗棂组成的拱形窗构成，整个门窗组合比例适度，装饰重点突出（图5–93）。

横窗的窗棂全部以精细的木雕代替，所描绘的正是传统“渔樵耕读”图案中的一对人物：左面手提斧头和右面头戴斗笠、身穿蓑衣的老翁。“樵”是汉武帝时的大臣朱买臣。朱买臣出身贫寒、靠卖柴为生，他自强不息，后当了汉武帝的中大夫、文学侍臣。“渔”则是东汉的严子陵，他是汉光武帝刘秀的同学，一生不仕，隐于浙江桐庐，垂钓终老。这两幅人物木雕构图生动，手法细腻，寓意深刻，是全村木雕的精品，在表现主人

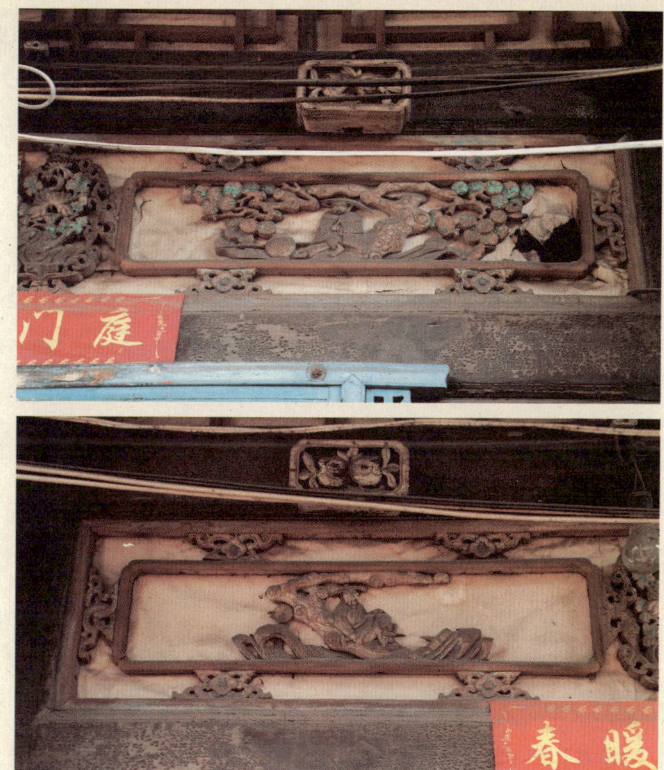

图5–94 景元堂窑洞正房门扇细部

图5–95 景元堂窑洞正房门扇细部

图5-96 景元堂窑洞次间门扇

文学修养的同时，体现了匠人不俗的功力（图5-94）。

横窗中部以菊花纹连接左右。如今大部分已经剥落，但从木料上仅剩的石青仍可想像原图色彩的绚丽。拱形窗中心五只蝙蝠围绕着大大的寿字，名为“五福捧寿”。宋代蔡沈《书经》中记载：“五福，一曰寿，二曰富，三曰康宁，四曰攸好德，五曰考终命。”这里借蝙蝠谐音，期望这五种福气都能临家（图5-95）。

景元堂的左右次间门扇雕刻也有鲜明的主题。如右侧横窗正中心雕刻的脚踩荷花的童

图5-97 景元堂次间窑洞门扇细部

图5-98 正元堂正房窑洞门扇

子，应为寓意婚姻美满的和合二仙之一。童子形象生动，面带笑意，似将美满赐福人间。按照惯例，在其左侧对称位置还应有另一手捧圆盒的仙子，构成一对，但如今已被损坏。在童子两侧还有龙头节点作为陪衬，整个装饰更为丰满。拱窗中部雕有五福捧寿（图5-96、图5-97）。

图5-99 正元堂原本门扇色彩

正元堂正房门帘架的顶部雕刻了一对狮子，其绿色毛发、金黄色狮身与暗褐色的窗棂形成鲜明对比，十分华丽。可惜门扇均已被改建，原本沉稳庄重的色彩也被刷成艳丽的蓝色，与整体极为不衬，韵味荡然无存（图5-98、图5-99）。

由于门窗皆为木制，所以依附在门窗上的装饰也多为木雕。在这些精密的榫卯结构门窗中，雕刻各异的卡子花饰十分突出，成为门窗中心富于变化的节点（图5–100）。

图5–100 村中各种卡子花饰

7.门枕装饰艺术

村中门枕以抱鼓形与箱形居多。它们从实用出发，经匠人加以艺术处理，成为一种极具结构功能和艺术价值的建筑构件。不仅如此，追其由来，还可以看出传统文化的影子，比如箱体墩主要用于文臣的院门之外，是由过去的举子进京赶考时所携书箱变形而来，用以光耀门楣。村中有几例这样的箱体墩，由于体积所限，装饰题材大多较为简单。

张家圪台的门枕上描绘了菊花与荷塘，配以小巧的麻雀、飞舞的蜻蜓，轻松而惬意（图5—101）。

广泰昌和魁盛号的门枕虽然形状不同，构图相异，但都雕刻了“一路连科”的题材。相较之下，魁盛号的更注重写实，荷花、鹭鸶描绘细致（图5—102）；广泰昌这例由于面积较小，形状方正，不易表现它们的固有形态，故侧重写意，别有一番韵味（图5—103）。

四达堂的这一对门枕，两侧宝瓶内插着拂尘、蕉扇、戟和毛笔。宝瓶造型优美匀称，寓意平安如意，周围飘带缠绕，如烟雾缭绕，充满佛教意味（图5—104）。

图5—101 张家圪台两侧门枕

图5—102 魁盛号门枕

图5—103 广泰昌门枕

图5—104 四达堂大门两侧门枕

图5-105 魁和祥大门两侧门枕

村中还有一种圆鼓形门枕。据说这种门枕是由庆贺胜利的皮鼓变形而来。元人定鼎中原以后，把皮鼓作为一种象征物放在家门口，以示光宗耀祖。石鼓下常以花叶托抱，所以又称“抱鼓石”。门枕主体为圆形，因此装饰它的图案更需匠师仔细揣摩，以符合中国传统“满构图”的审美意趣。在这种门枕之上还常雕刻一只小狮子，起到守护门宅的象征作用。

“五福捧寿”是传统图案中能很好适应圆鼓形构图的纹样。魁和祥的这例抱鼓石就采用这种纹样，周身纹饰浅细，下面的石座分别雕有佛手、仙桃，抱鼓石上趴有小狮，可惜狮头已损（图5-105）。

正元堂的抱鼓石位于二进垂花门前，因此时常成为院中孩子们的玩物，尤其两个小狮

图5-106 正元堂二门两侧门枕

图5–107 景元堂二门两侧门枕

图5–108 上四义号大门门枕

子更招人喜爱，经过不断抚摸，表面极为光亮润泽，显现如金属般的古铜色，阳光下光彩照人，充满生机。石座左侧海马流云，表现天马行空，志在千里。右侧则是犀牛望月，又名“吴牛喘月”。吴地的水牛误把月亮当成太阳，以为烈日当空，汗水蒸腾，喘息不止。在此使用夸张的手法劝诫后人谨小慎行。石座之上有如两个书卷轴承托着圆鼓，鼓背上刻着一圈鼓钉，侧面则是一个大大的团寿充满整个鼓面。鼓上的小狮，大大的脑袋，圆圆的眼睛，两个小爪顺势向前一趴，样子甚是顽皮可爱（图5–106）。

景元堂的这一对抱鼓石石座内侧雕刻竹子与兰花，正面右侧是海马流云图案，云彩从奔马的口中吐出，犹如仙气一般，左侧卧羊徐徐散出仙气，整个景象祥和美好。残破的右侧鼓面还依稀可辨盘成圆形的云鹤纹样，庄重大气（图5–107）。

上四义号的门枕正面雕刻了一种很奇特的花卉，它形似莲花却又有些像牡丹。其实它是一种民间创造的花卉，名为宝相花，盛行于隋唐时期，此后代代传承。它是以牡丹、莲花、大丽花为原型，运用形状大小不同的花瓣从中心放射组合而成，象征圣洁美好，刻在门枕上为祈求幸福吉祥。这一例造型较为简单，石座侧面没有装饰，鼓面采用了阴阳相转的太极八卦图（图5–108）。

村中还有一些抱鼓石鼓面采用了放射的花瓣状，形态雕刻都较为简单，对于普通人家来说，此形在经济的同时装饰效果也甚为不错（图5–109）。

图5–109 村中常见一般门枕

8.铺首装饰艺术

铺首是安置门环的底座，所衔门环用以开门、扣门，谓之铺首衔环。在大阳泉村中，铺首并不是装饰的主要部位，比起其他装饰有所不及，但其中几例也比较典型，反映了村民对于铺首装饰的审美认识。

如张家圪台和村中另一例铺首，以六个如意头围绕上下两朵菊花构成。菊花隐含“寿”意，这里配以如意，寄托了主人希望长寿如意的美好愿望。在如意头上还有六颗乳钉，它们不仅固定了铁件，同时也使整个造型更加圆润厚实（图5–110）。

魁盛号、上四义号这几例铺首则模仿了荷瓣的形状，造型简洁，清新自然（图5–111）。

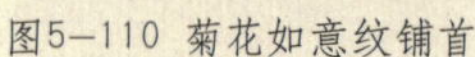
图5–110 菊花如意纹铺首

图5–111 荷瓣状铺首

9.雀替装饰艺术

图5—112 村中一户门楼雀替

雀替，又名角替，是传统建筑中位于柱头与梁、枋交接处用于承托梁枋的构件。雀替原本用来减少梁的跨度，但随着木构技术的成熟，逐渐变成了装饰性构件，审美超过了其实用功能。大阳泉村正房檐柱和门楼的骑马雀替是木雕装饰的重点，装饰图案除较常见的博古架外，还有许多新颖奇特的造型，体现了当地匠师们极强的创作能力和较高的艺术修养，其返璞归真与超凡脱俗特质令文人艺术家们望尘莫及。

图5—113 村中一户门楼雀替

图5-114 景元堂二门雀替

大阳泉村的这例门楼骑马雀替极富特点，回字纹形成的博古架上镂雕了众多传统图案纹饰，如蝙蝠、如意、茶具等。这些器物都有着各自的寓意，如“壶”与“瓠”通用，指葫芦，是子孙满堂、子嗣兴旺的象征。再如其下方的瓶中插三支戟，是“平升三级”的纹样，民间假借“瓶”与“平”、“戟”与“级”谐音，表达官运亨通、连升三级的愿望。整个造型全部以直线构成，各种器物悬于纹间，而根根不断，好像暗含筋骨，刚劲有力（图5-112）。

村中的另一例雀替也是由博古器物组成，造型较前者显得饱满得多。博古架与其他图案以颜色区分，层次分明。仔细看来，长戟还碰翻了右侧的瓶罐，甚是有趣（图5-113）。

景元堂二门中的这例雀替则有多重寓意。构图中心为“骑鹤寿星”。寿星本为星辰名，民间则绘长头高额、白发老翁之形，称“老寿星”。持仙桃骑寿鹤凌空飞来，似将赐人以寿。关于寿星，人们普遍认为是道教的祖师老子。晋代《神仙传》讲：老子姓李名耳，字伯阳。周朝时已三百岁，他生下来就是满头白发，头顶隆突，广额大耳，性情开

图5-115 景元堂窑前檐廊雀替

朗，无忧无虑。寿星图案的两侧雕有象征长寿的仙桃。再侧则是琴棋书画四艺图案。其他铜香炉、瓷瓶、金磬、书籍、字画组合都是常用的博古纹，寓意博古通今，崇尚儒雅，充满了古朴文雅的书卷气息（图5-114）。

博古架上雕刻的纹样没有一定之制，随意性较大，完全由主人的兴趣而定。景元堂檐廊这例雀替由博古架、铜鼎、铜香炉、玉制如意、寿桃等组合在一起，虽基本图案相似，造型却绝不雷同。最有特点的是檐柱外侧雕刻的一株瓜藤，在纤柔婉转的藤蔓之间结了三颗小瓜，它们坠弯枝蔓的造型被能工巧匠用木材表现得淋漓尽致，取材更富生活情趣，形态十分逼真（图5-115）。

四义号门楼雀替较小，装饰重点放在了雀替之上的门楣板上，三个格心中雕刻“三多”题材，即寓意多子多孙的石榴、寓意多福的佛手、寓意长寿的仙桃。图案中果实圆润，枝干方向据其位置做对称变化，既照顾了整体构图，单体又不失生动。其下以细小曲折的雀替作为底框和收束，以曲破直，上实下虚，构成了一个完整的图案。整个木雕呈现天然木本色，格调质朴雅

图5-116 四义号门楼雀替

图5-117 四义号门楼雀替细部

图5-118 正元堂窑前檐廊雀替

图5-119 祥瑞堂窑前檐廊雀替

致（图5-116、图5-117）。

正元堂的雀替上布满了如元宝一般的云纹，立体感极强，其间雕刻的蝙蝠好像真的在云里雾中穿梭一般。蝙蝠谐音“幸福”，云纹则表示“运气”。该木雕图案含蓄地表达了“福运”之意，又因福运图雕在门头上，故引申为“福运临门”或“福运进门”之意。整个雀替远远望去有如一个个天上掉下的元宝，商人祈求富贵的愿望在此表达得淋漓尽致（图5-118）。

祥瑞堂窑洞檐廊上的这例雀替由层层叠叠的植物叶片组成，花鸟、人物藏于其中，让人感觉好像置身林间，木质的本色纯朴自然，一派与自然和谐美好的景象（图5-119）。

大型公共建筑开间较大，雀替的体积随之增大，同时更加粗壮浑厚，表现内容也更程式化，如大阳泉村戏台上的这例雀替以龙为表现主体，色彩绚丽，形态描绘具象而大气，整条龙呼之欲出，龙头探出雀替之外，如腾云驾雾一般。侧台雕凤，造型上利用云朵塑造雀替的形态，稍显牵强（图5-120）。

图5-120 五龙宫戏台雀替

10.影壁装饰艺术

清人蒋平阶的《水龙经》中有“直来直去损人丁”之说，意思是说如果院落直对街道会使家族不旺。因此，传统建筑常常在门前设置影壁来解决这一问题。在大阳泉村中，影壁有两种类型。一种是位于大门之外（图5–121），独立建造，与大门保持一定距离的一面墙，目的是提示路人这里有组重要建筑，另一方面也强调了门前领地的归属感，这种影壁如存在于小巷中，也会对丰富街道空间起到重要作用。村中另一种常见的影壁则是附于厢房山墙面上的门内影壁，它们多数雕刻精美，成为视线之焦点。

图5–121 村中门外影壁

图5–122 景元堂影壁

图5–123 景元堂影壁壁身细部

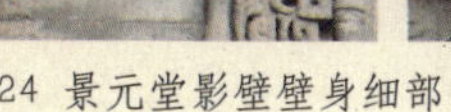

图5–124 景元堂影壁壁身细部

村中最为精美的影壁应数景元堂的这例了（图5—122～图5—124），整个影壁布满了装饰，壁顶、脊兽、仿木构的斗栱、垂花、横枋一应俱全。斗栱之间雕刻梅兰竹菊，借四君子来表达主人清高的情趣；壁身上方的横枋上雕刻着双龙戏珠；脊部吻兽也雕刻十分精细，其形制丝毫不逊于真正房屋；壁心是一座土地龛。这些复杂的装饰疏密相间，均衡地分布在整个照壁的重点部分，细节完全融于整体之中。这例影壁已成为炫耀门庭的一种手段，是一座独立的供人观赏的建筑小品。

以厢房侧墙作为门内影壁在村中十分常见（图5—125），壁顶、壁身组成相似，复杂的用斗栱支撑壁顶，简单的则直接在壁顶的檐下做出一排椽子头，作为壁顶到壁身的过渡。壁心花纹多为方砖斜纹拼就，呈菱形交织状，还有的由两头削尖的长方形砖组成，民间称其为龟背纹，寓意福运长寿。

图5—125 村中其他门内影壁

11.土地龛装饰艺术

图5－126 土地龛所处立面位置

古代传说中土地神是仙界职务最低的神，他们因为只分管人间的某一地段，因此数量极多。人们在庙宇中敬奉神灵，祈求安康，而土地龛正是平民百姓家中敬奉土地神的庙宇，这样也就不难理解土地龛为什么常采用屋宇造型了。

在大阳泉村中几乎每个院落中都有做工细致的土地龛，它们一般位于正房窑洞中间一孔的右侧，构造完美的砖雕与砖质窑洞融为一体，成为村中窑洞立面的一种固定模式（图5－126）。村中很多土地龛毁于“文革”时期，但即便如此，留存的一些中也不乏精品，从其精美细致的雕刻中足可以看出土地龛在古人心目中的重要地位。

图5－127 松茂号土地龛

图5－128 景元堂土地龛

图5-129 祥瑞堂土地龛

图5-130 村中带有八字影壁土地龛

图5-131 祥瑞堂影壁土地龛

图5-132 正元堂土地龛

今天的大阳泉村民虽已不再过着靠天吃饭的日子，但很多人家还是在土地龛的楹柱上贴上对联，以寄托对幸福生活的美好期盼。“土中生白玉，地内出黄金”，恐怕是这种想法的最直接的表达，而“天高覆万物，地厚载群生”、“上天言如实，回宫降吉祥”就相对更为通顺一些。

景元堂、松茂号、祥瑞堂、正元堂的这几例土地龛最为精致，造型各不相同，不但建筑构件模仿得淋漓尽致，而且通过调整各部分比例，更好地适应了缩小的建筑形体，不少装饰题材也被运用进了这小小的庙宇之中。如景元堂影壁这例（图5-129）以蝙蝠为主题，不但洞龛的上方雕刻了一只倒置的蝙蝠，正脊上也雕刻了传统的“福在眼前”图案，就连梁下的斗栱也似有蝙蝠模样。而祥瑞堂这例（图

5—131）构件装饰与院中建筑完全一致，建筑与小品间取得了很好的呼应。村中还有一例土地龛（图5—132）更具立体感，檐柱突出墙壁，其后布置了八字影壁，影壁上雕有花卉，如此复杂的龛不但是墙壁上很好的装饰，同时也是主人财力的体现。

村中一些普通人家的土地龛形式比较简单，突出其实用性。虽没有前几例华丽、细致，但也比例适度，巧妙别致（图5—133）。

图5—133 村中其他土地龛

附录

附录1 历史建筑测绘图选录

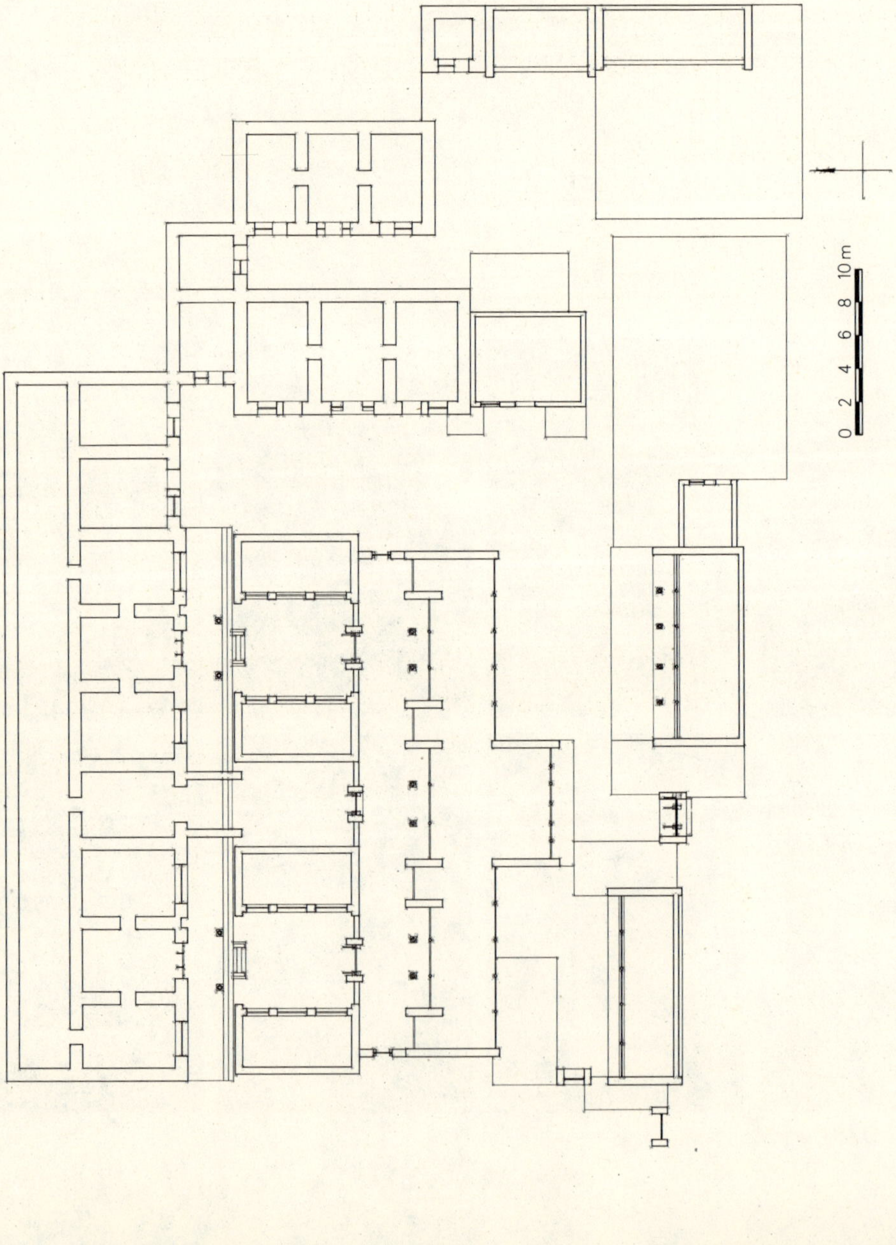

0 2 4 6 8 10m

魁盛号总平面图

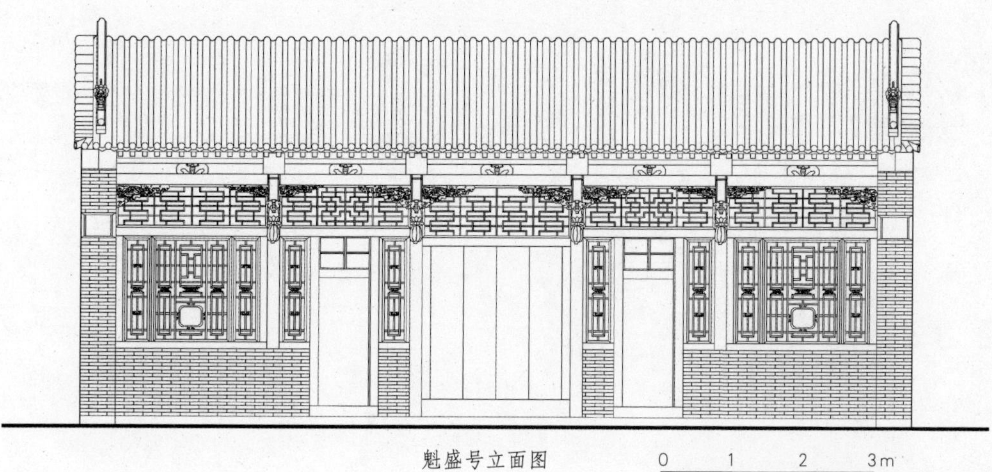

魁盛号立面图

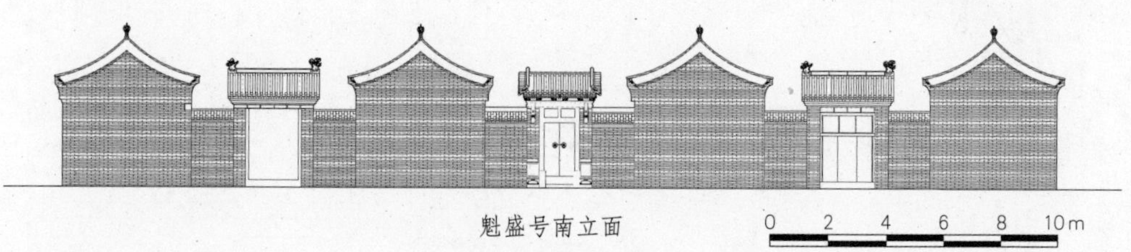

魁盛号南立面

魁盛号细部

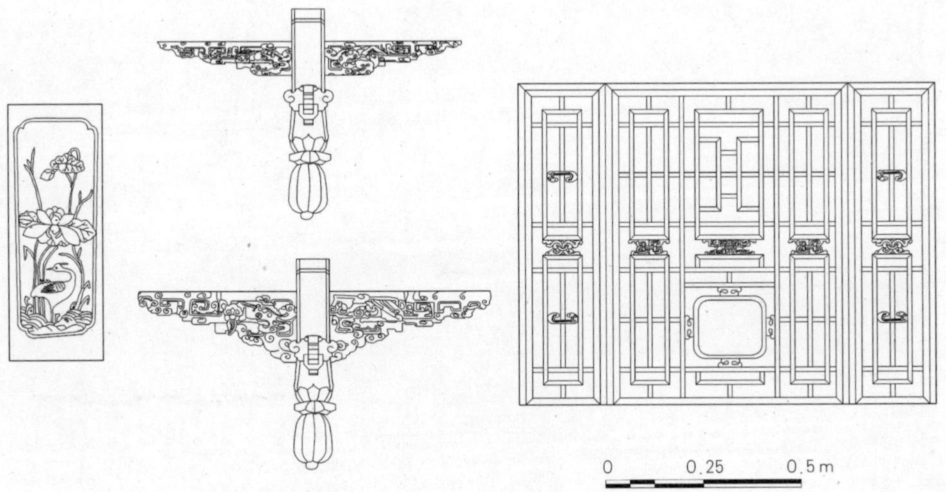

魁盛号细部

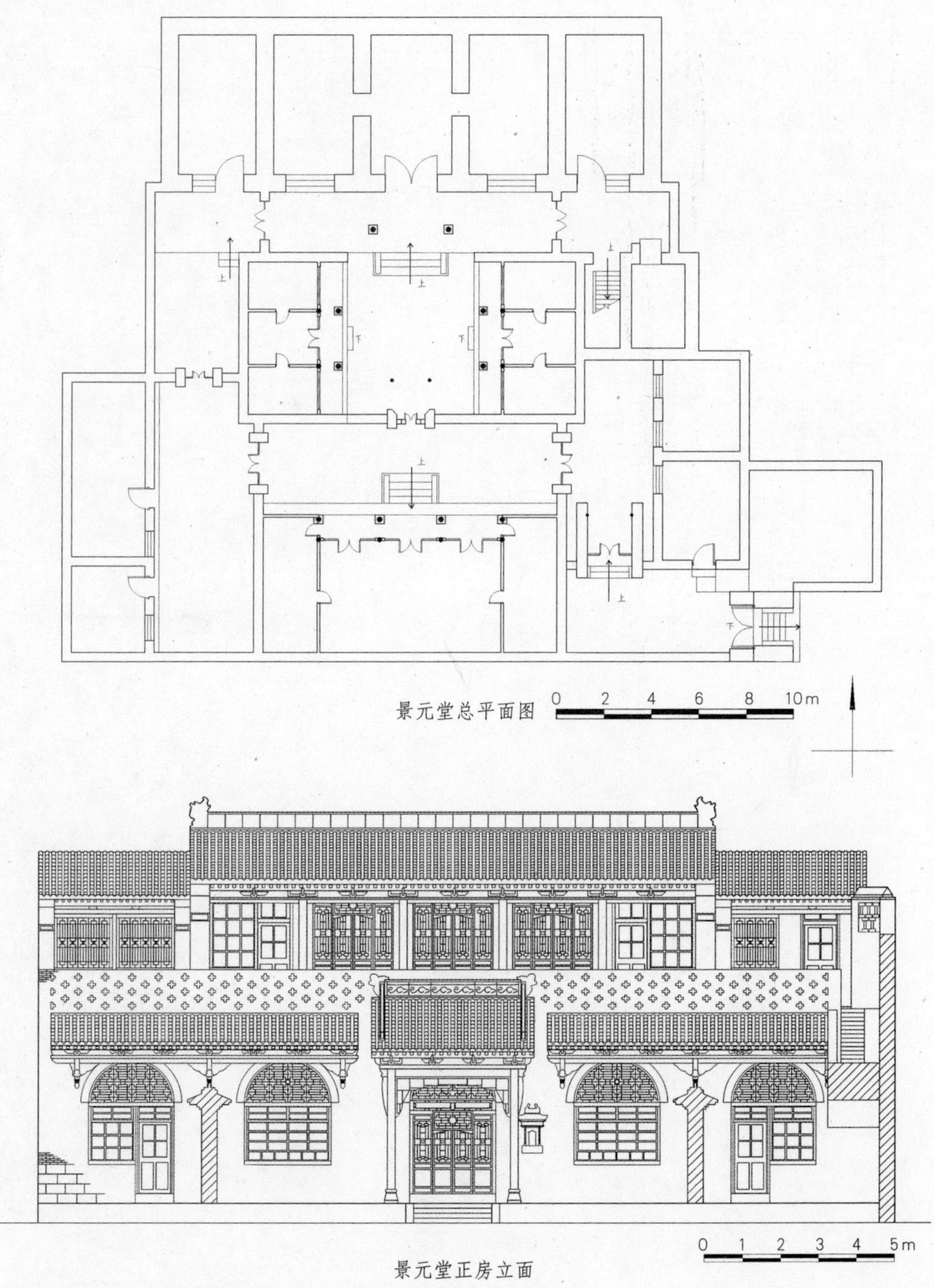

景元堂总平面图

景元堂正房立面

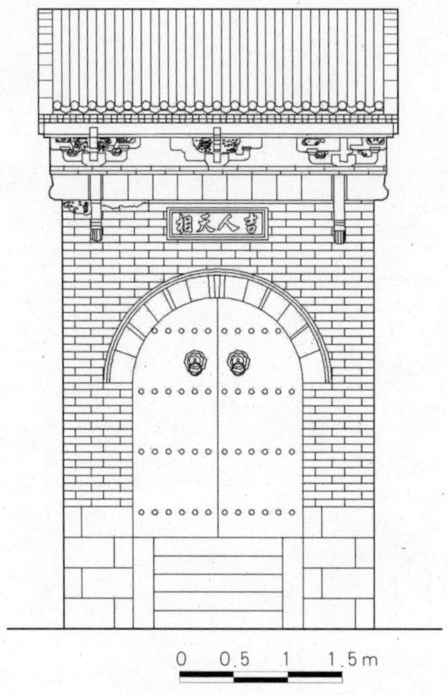

景元堂大门立面图

景元堂二门门楼细部

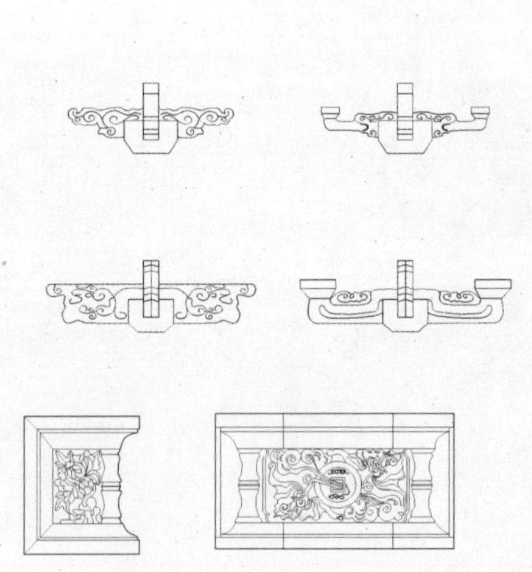

景元堂细部

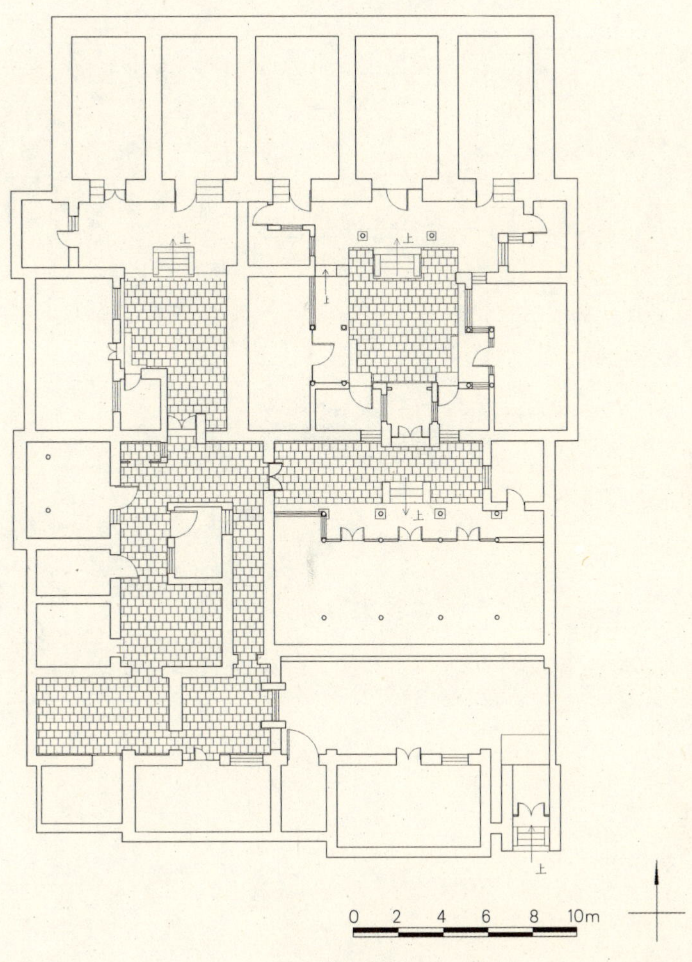

正元堂总平面

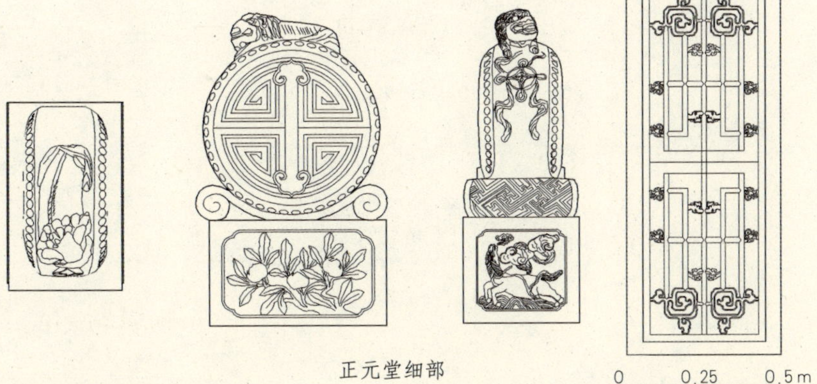

正元堂细部

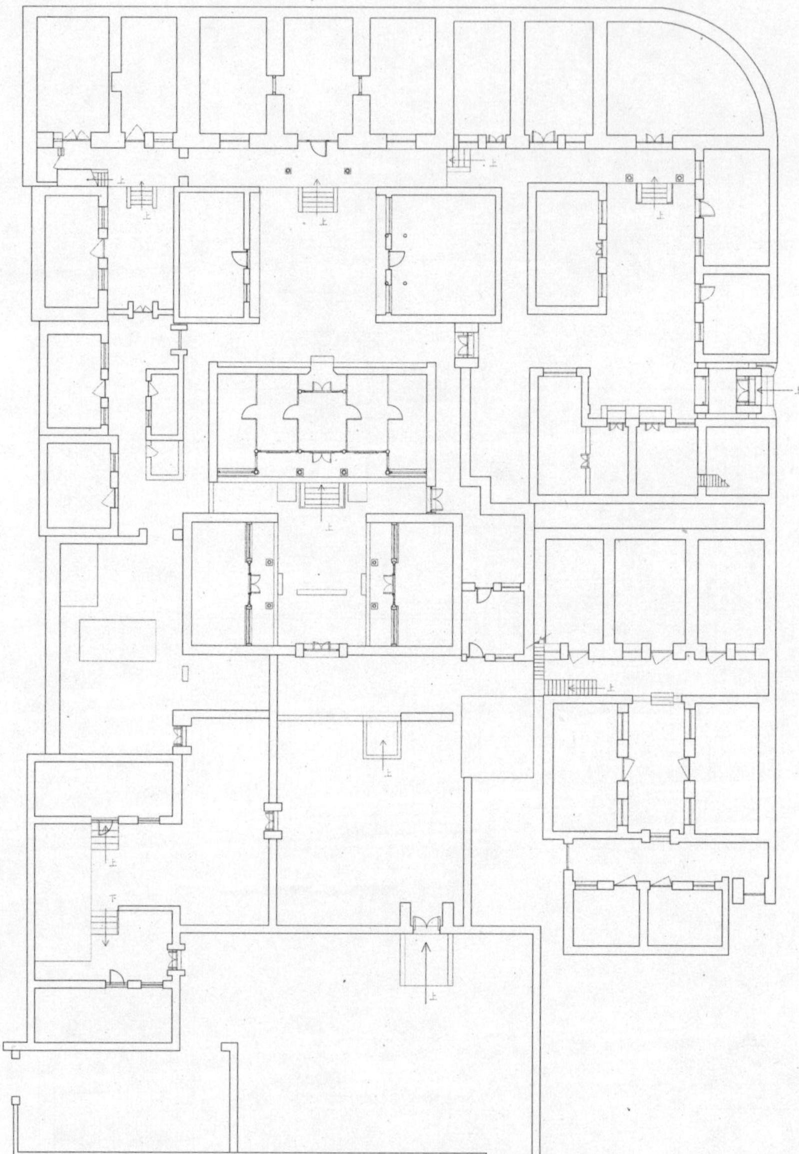

0 2 4 6 8 10m

祥瑞堂总平面

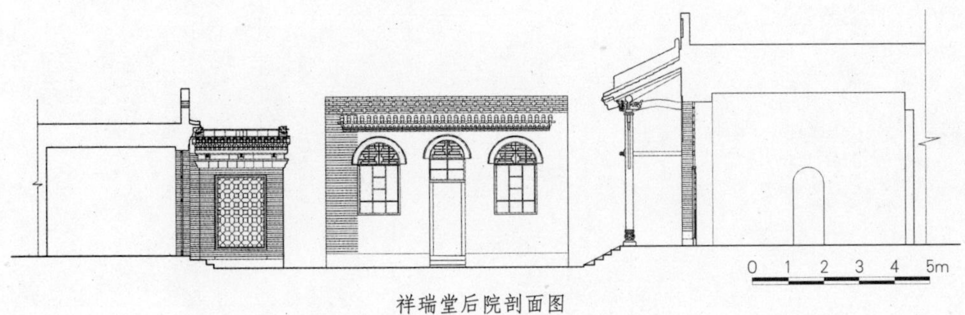

祥瑞堂后院剖面图

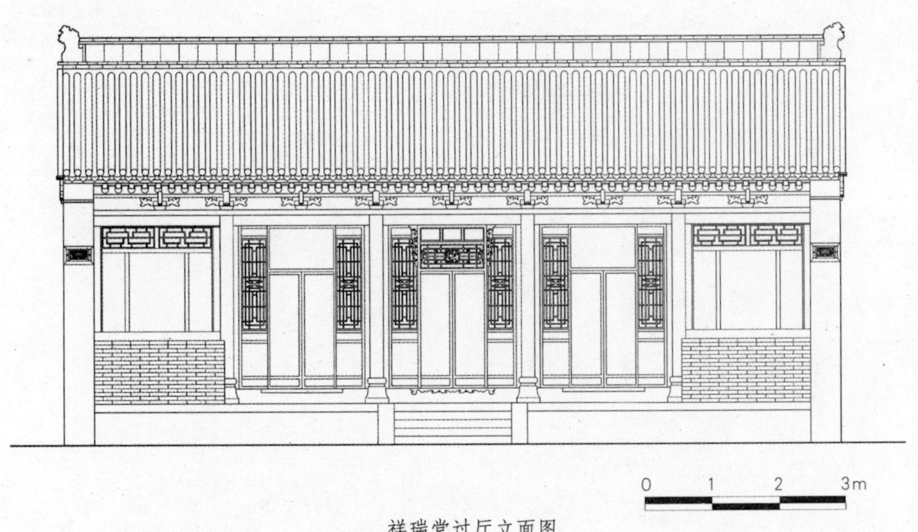

祥瑞堂过厅立面图

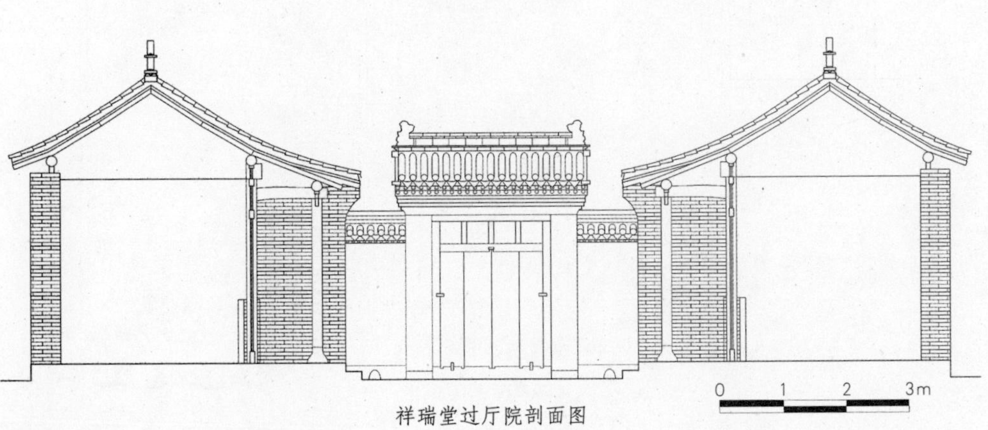

祥瑞堂过厅院剖面图

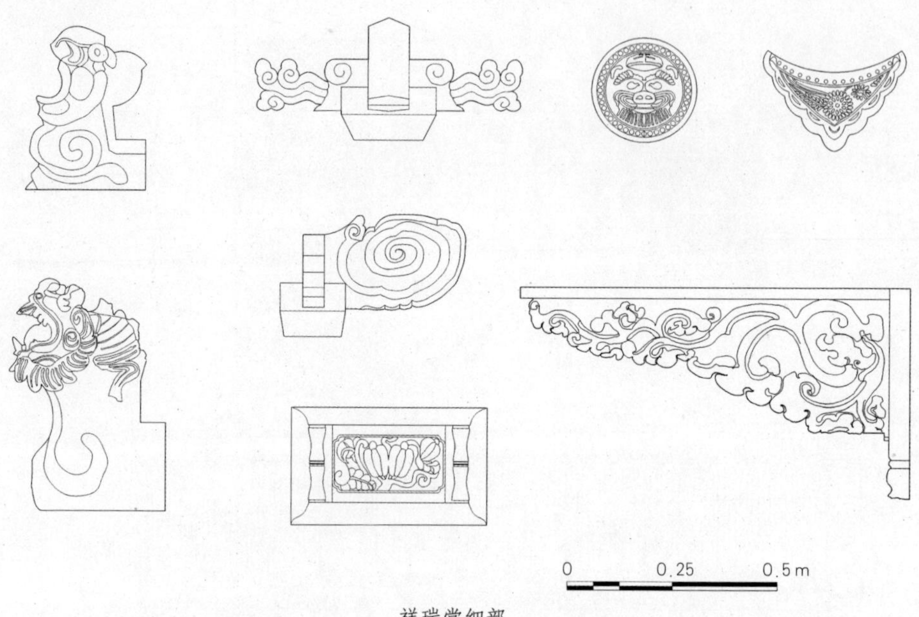

祥瑞堂细部

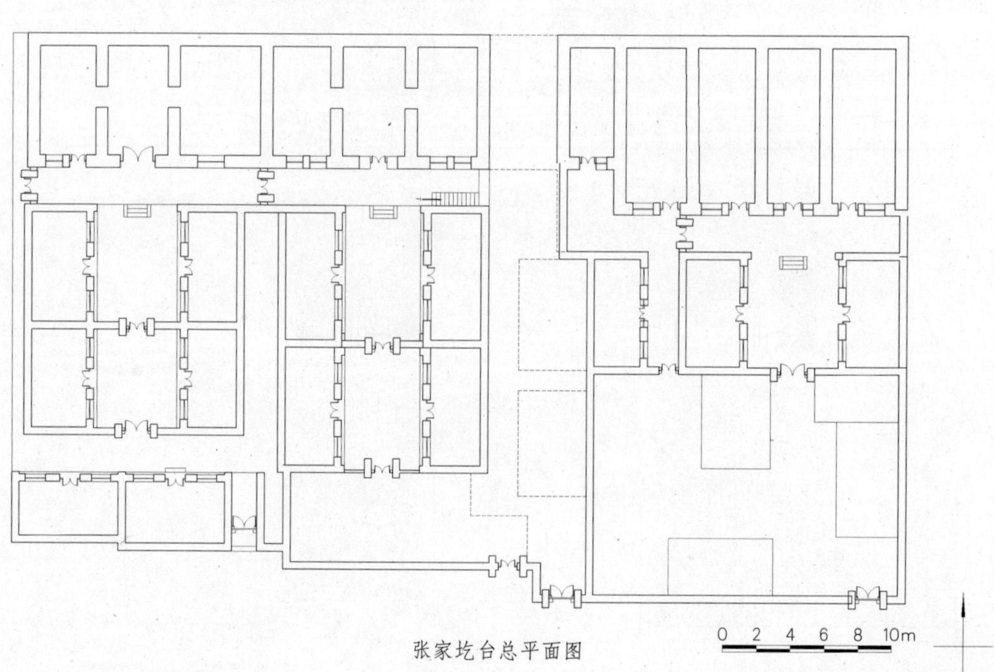

张家圪台总平面图

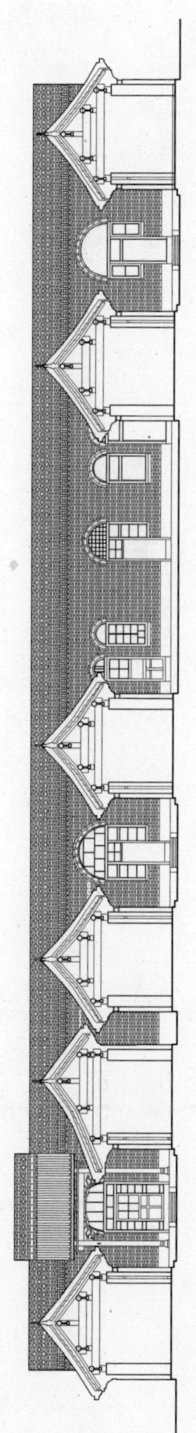

张家圪台横剖面图

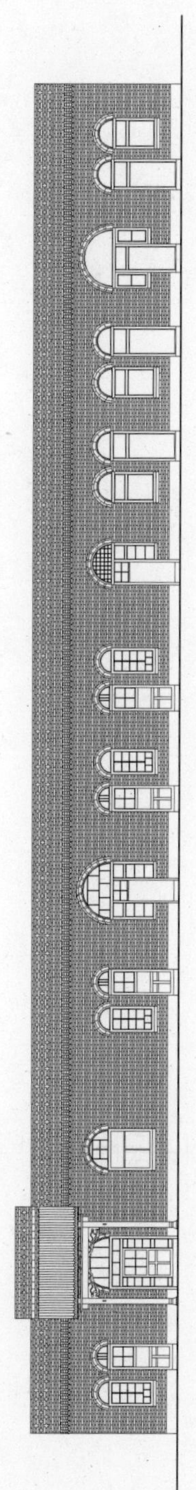

张家圪台总立面图

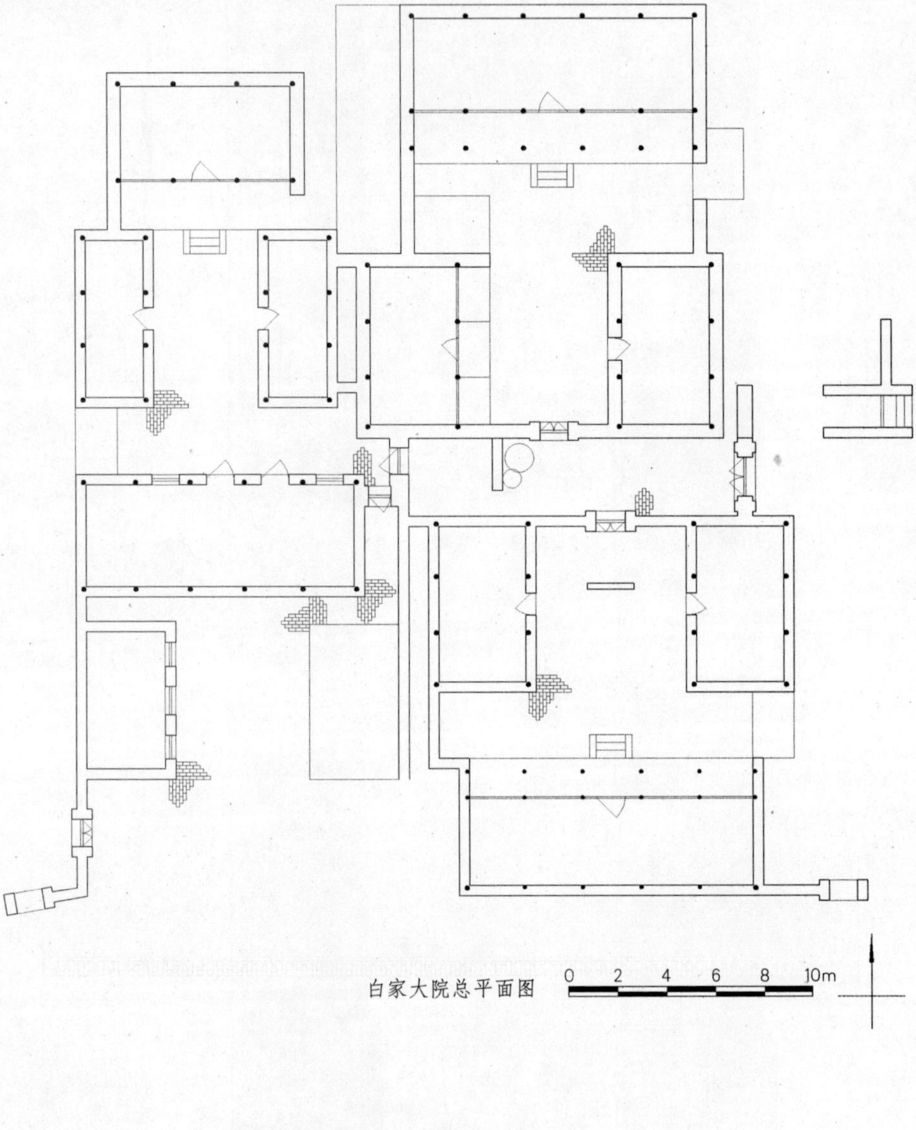

白家大院总平面图

0 2 4 6 8 10m

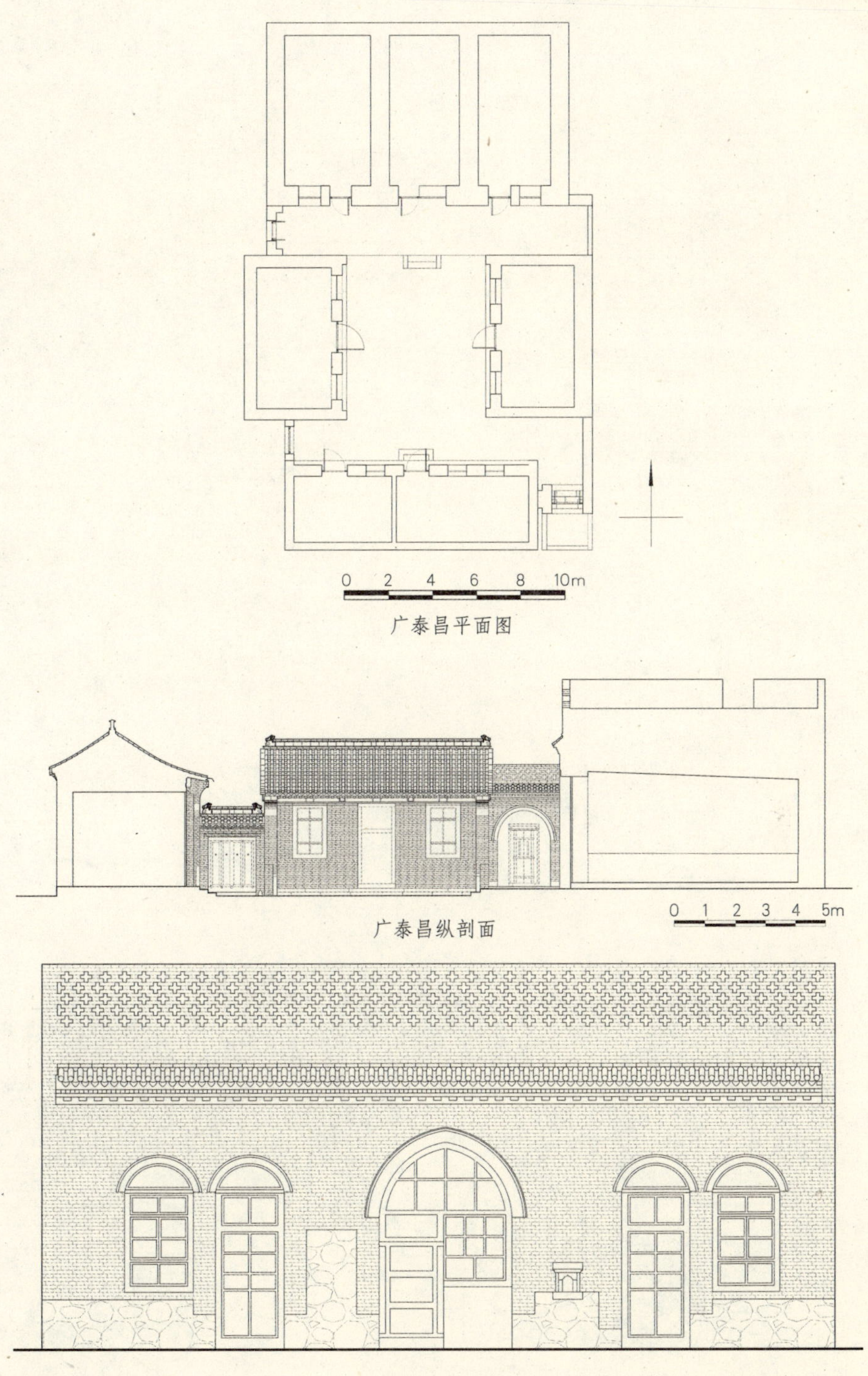

广泰昌平面图

广泰昌纵剖面

广泰昌正房正立面图

上四义号大门立面图

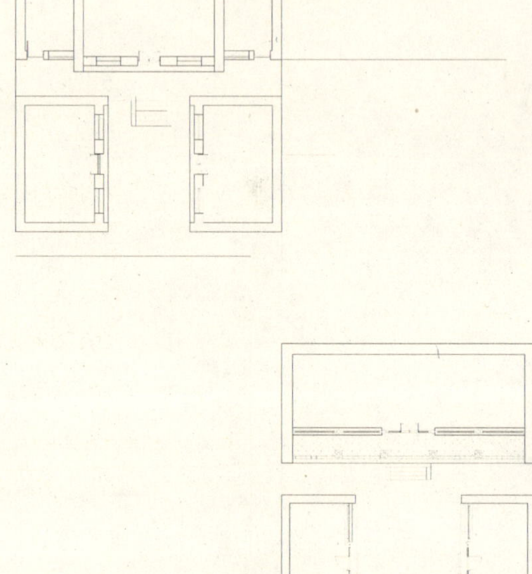

下四义号总平面图

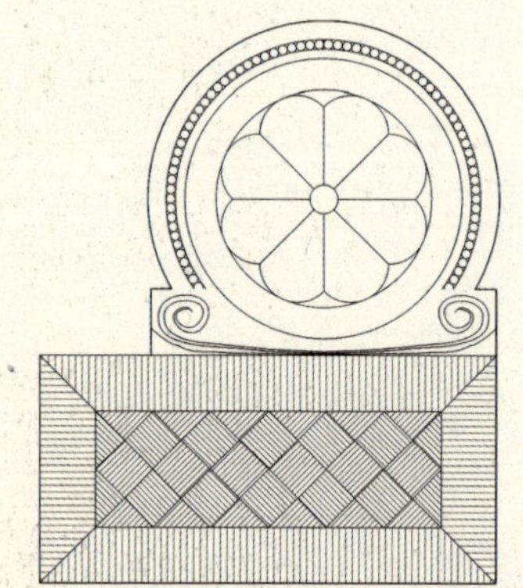

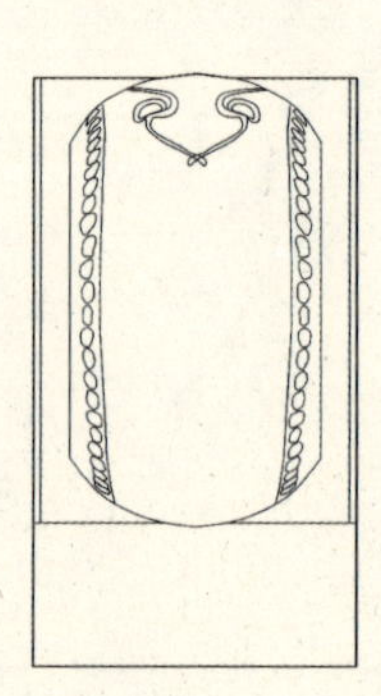

下四义号细部

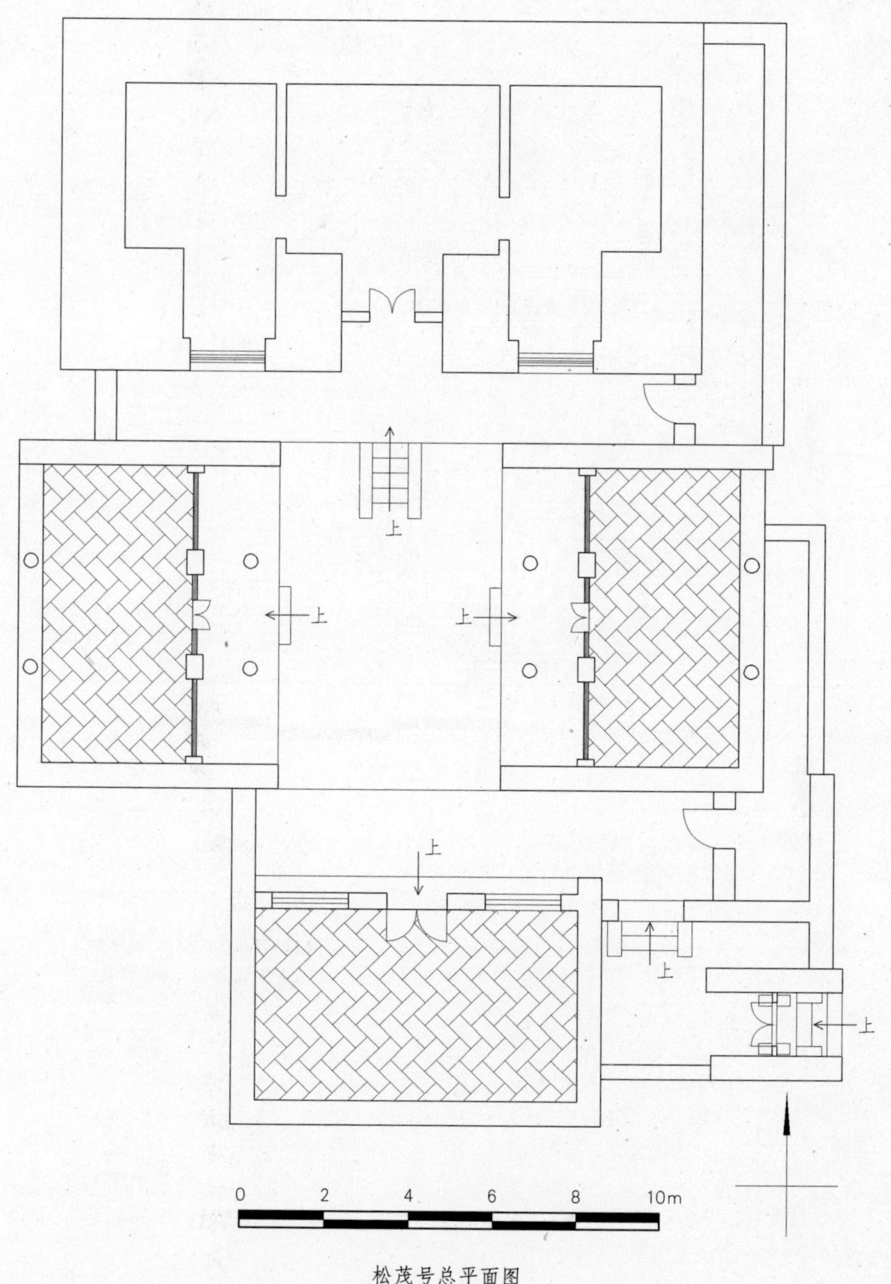

松茂号总平面图

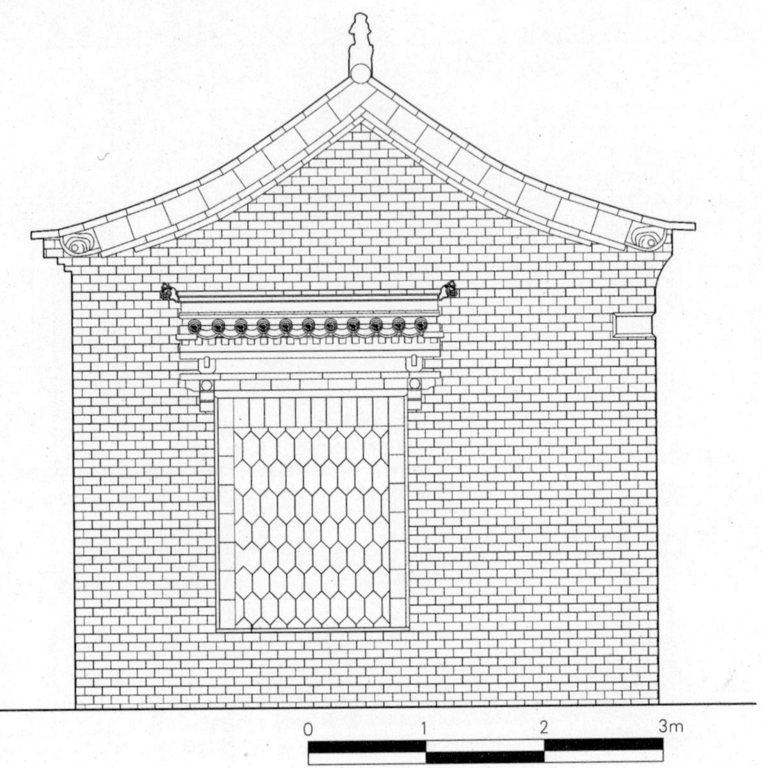

松茂号厢房侧立面

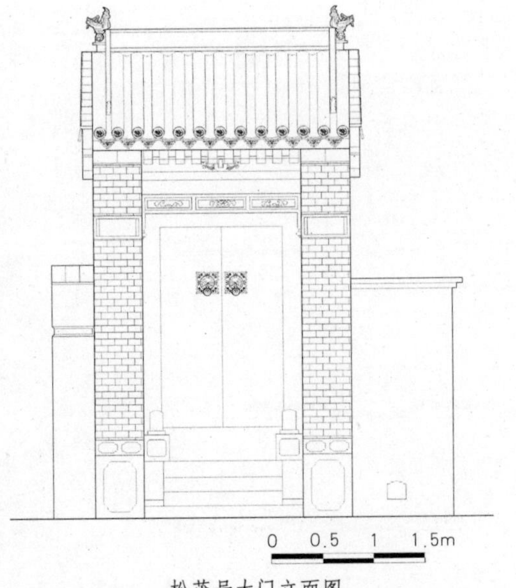

松茂号大门立面图

松茂号土地龛立面

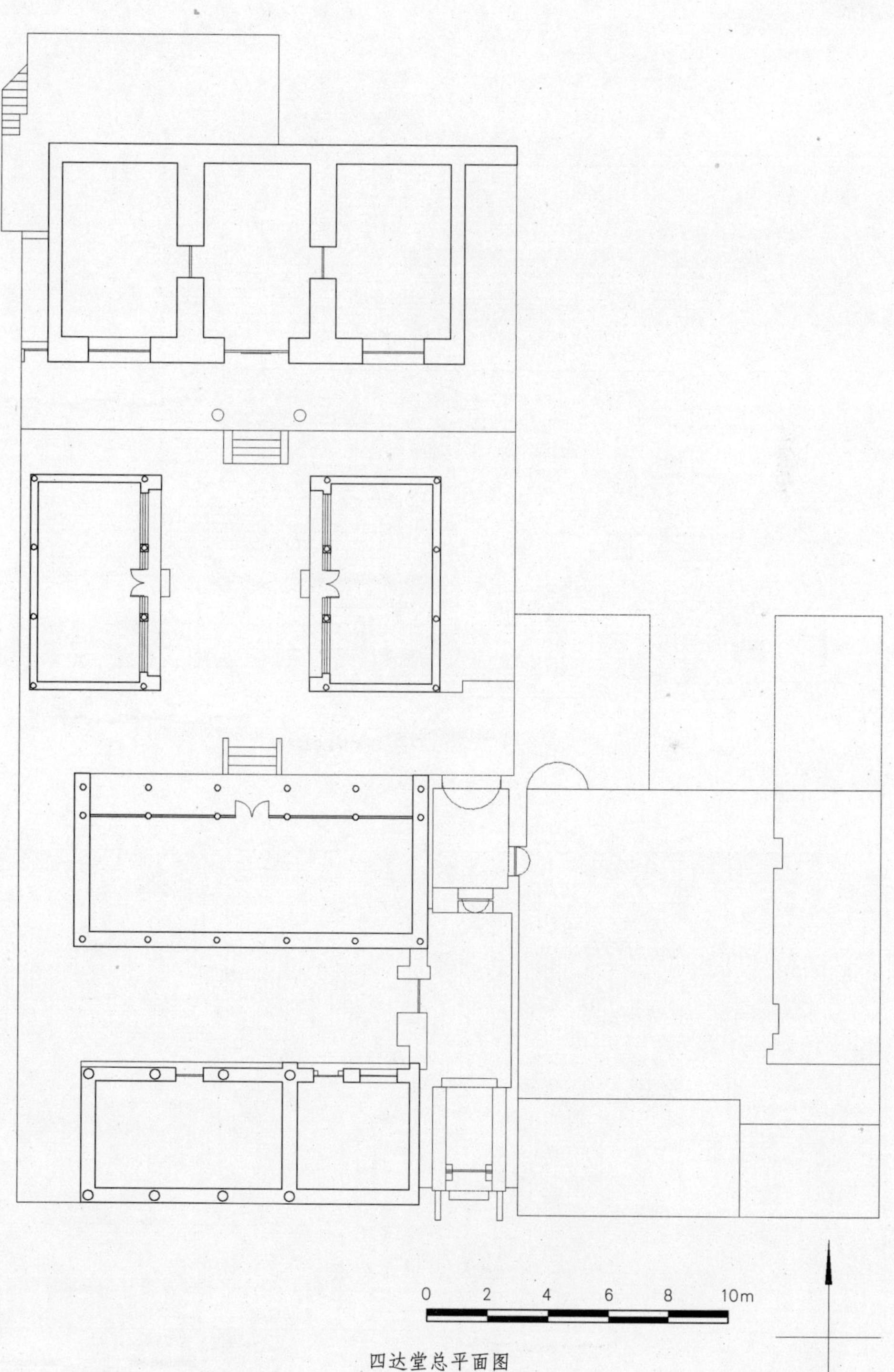

四达堂总平面图

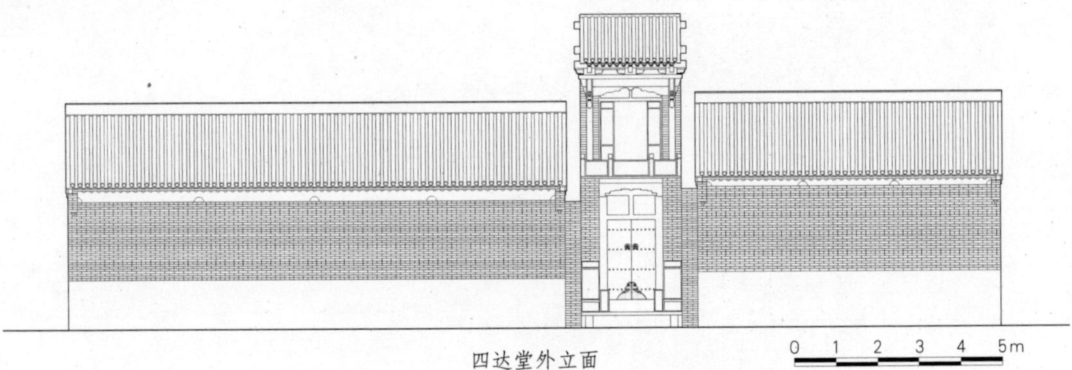

四达堂外立面

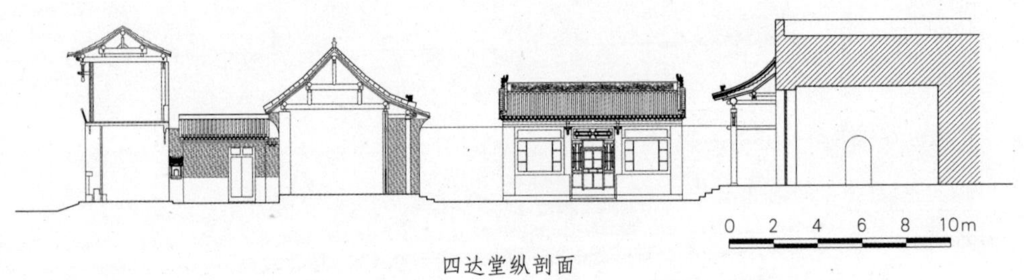

四达堂纵剖面

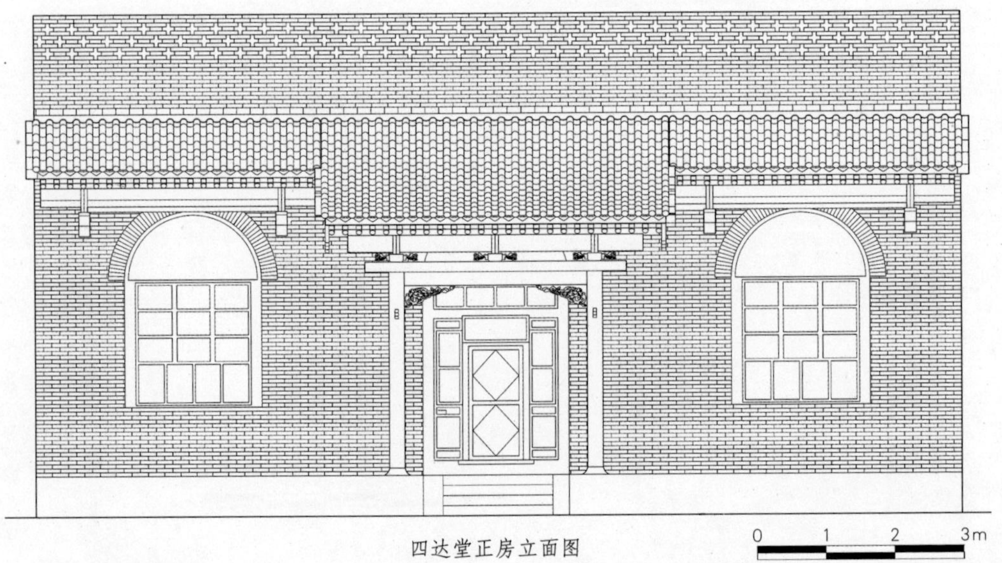

四达堂正房立面图

四达堂细部

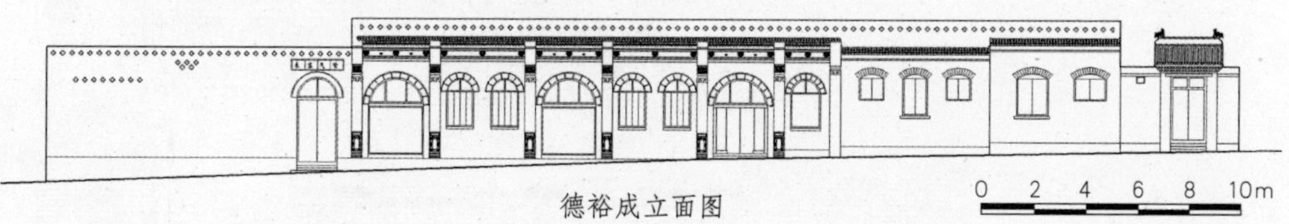

德裕成立面图

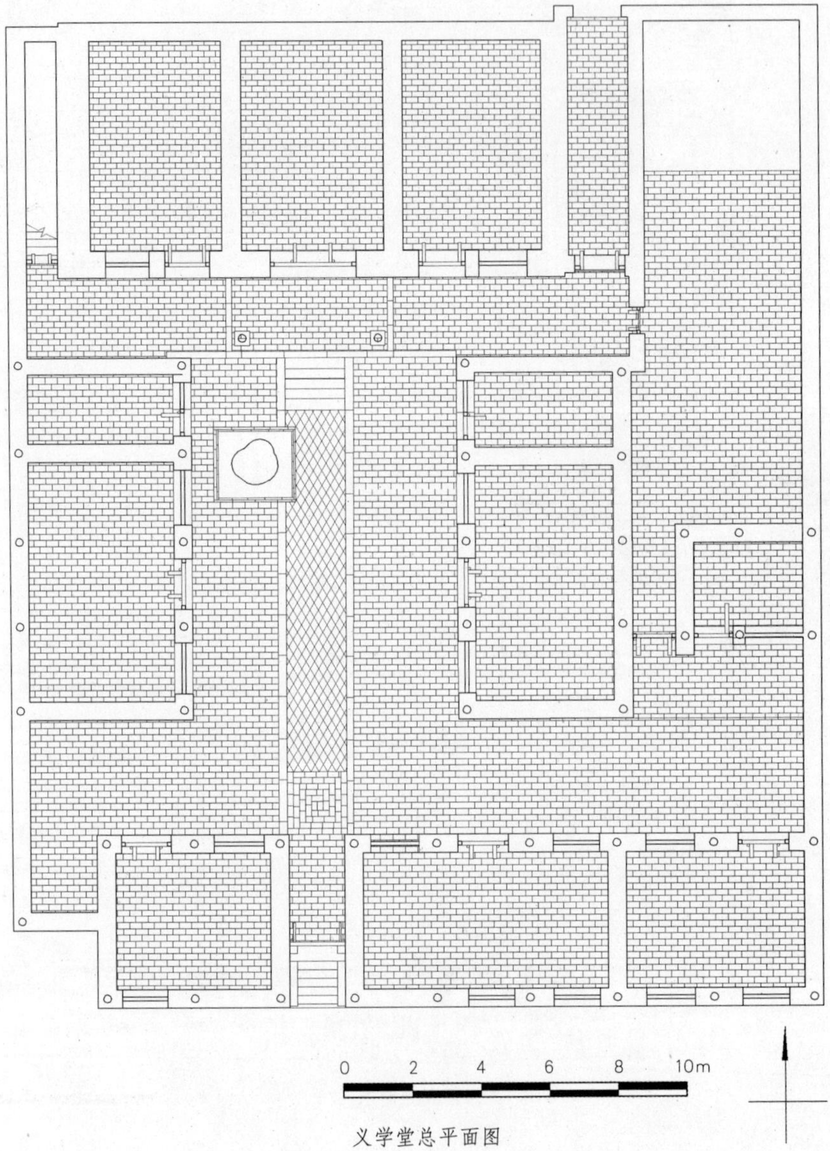

0 2 4 6 8 10m

义学堂总平面图

0 1 2 3 4 5m

义学堂内立面

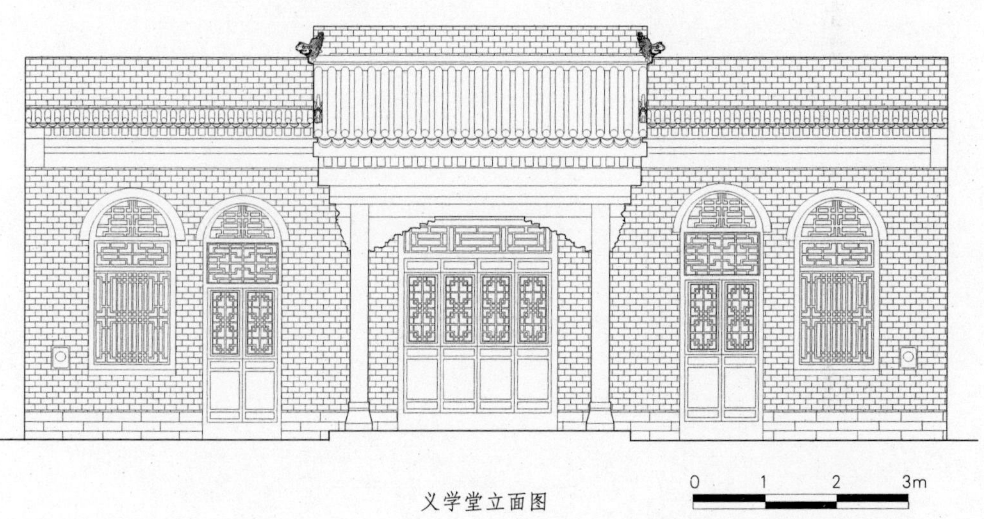

义学堂立面图

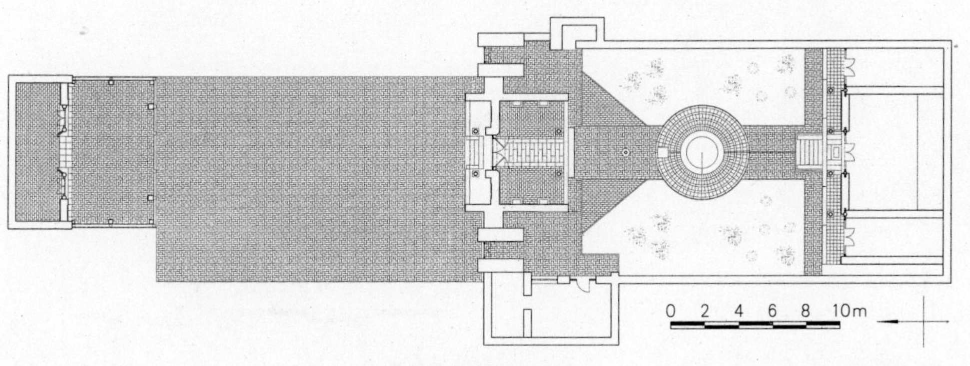

五龙宫戏台总平面图

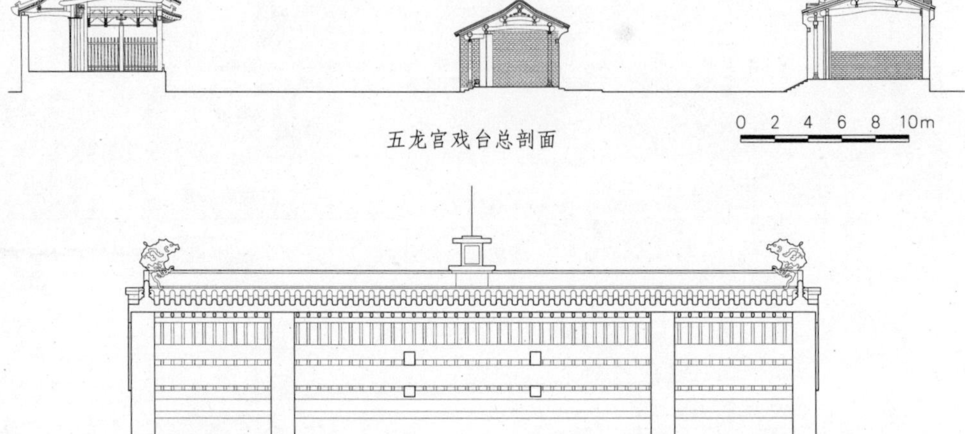

五龙宫戏台总剖面

五龙宫戏台横剖面（一）

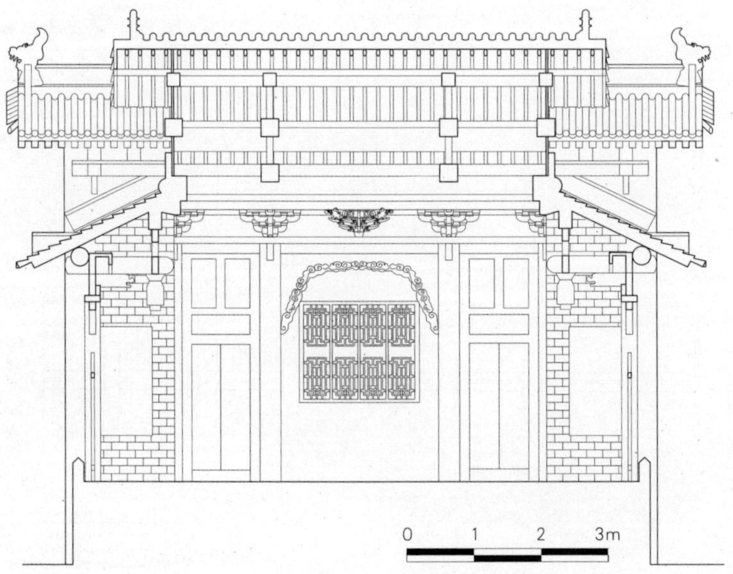

五龙宫戏台横剖面（二）

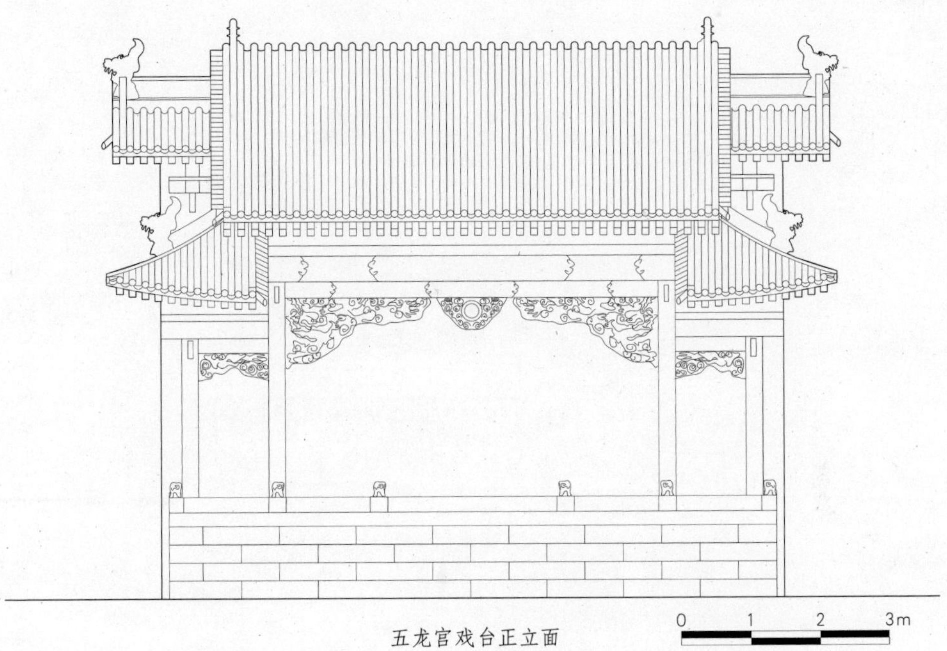

五龙宫戏台正立面

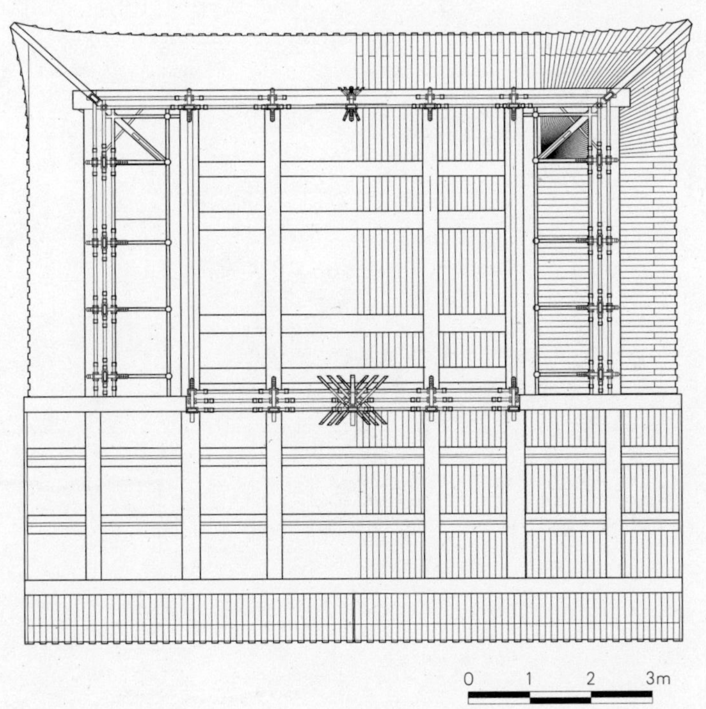

五龙宫戏台梁仰视及俯视图

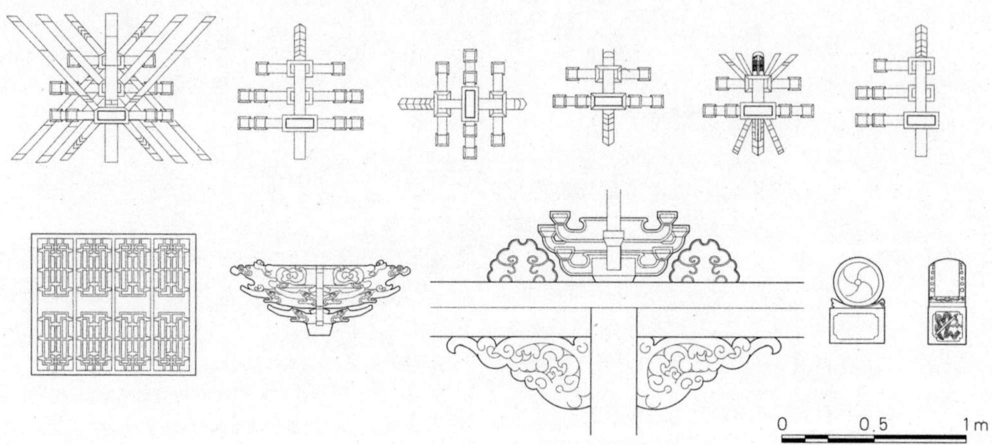

五龙宫戏台细部

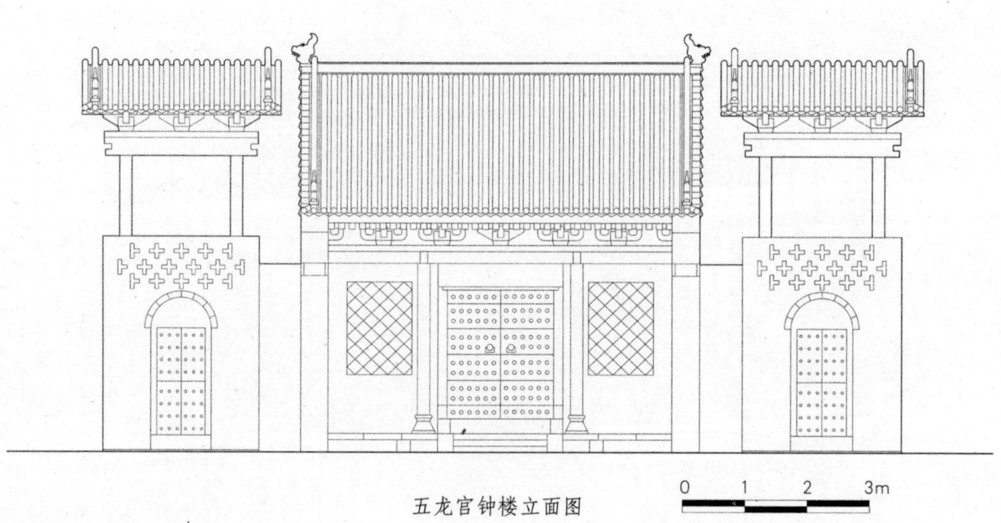

五龙宫钟楼立面图

附录2 碑文选录

大阳泉村现存民国以前的石碑60余通，记载了大阳泉的相关情况，具有重要的史料价值，也是重要的文化遗产。现摘录部分碑文如下：

1.元至元二年（1265年）《平定州蒲台神感应记》

将仕郎前平定县主簿翟升撰　乡贡进士潘得康笔额　慵庵知皋书

神人之迹，有以相通，感之以应，捊鼓其自然之理也。岁在壬子，自春及夏，天久旱不雨。平定之田与山相错，视他境其旱太甚。先是州尝屡祷于黑水祠，虽或嘉应。尔后雨又失序，旱复如初。居民嗷嗷，将有以失西成之望越五月哉。生明并军判完颜公且为祷于黑水，蒙神休若复祭，恐频则繁。闻有蒲台神者，屡祷屡应，愿牲焉，乃率僚属暨缁黄辈，跣足以造其祠也。邑郑武义、司判魏昭信。明昌三年七月二十三日，蒲台醮盆底座。一、义井一社耆老人等，阳泉一社众耆老人等，庙官花建。二、乱柳一社众耆老人等。三、平坦一社众耆老人等。四、五度一社众耆老人等，南庄泥土匠张忠玉。五、白羊驿一社众耆老人等，维那李仲仁、周仁敬，重建醮盆工接力。六、赛鱼一社众耆老人等，白羊驿石匠提控李泰、男思忠。门人王全刊，至元二年四月初三日立。

2.元元贞元年（1295年）《冯公建墓志》

一笛悠然此地闻，住山还忆大冯君。已看引水浇灵药，更约筑亭留野云。前日褒衣笑皤腹，今年宿草即荒坟。东邻谁举游岩例，秋菊寒泉尚可分。

此遗山先生挽冯大来节付诗也。中统庚申，尝于故候聂帅家见其笔迹。至元甲午，余过阳泉，节副二孙敬、敏止余宿，问及遗山挽诗，二孙曰，家事沦落，久居田里，初不知遗山为大父曾作挽诗也。余因取板行元集读之，亦无此篇，遂命学生郭凤往访于聂氏。发故藏书箧笥得焉。临摹一本，以与敬、敏，俾刻之大来节副墓侧。其真本复还于聂氏。元贞元年夏四月上休日　里闬晚进　前国子司业奉政大夫同知衢州路总管府事王构识。

平阳太原等路鹰房知事路壤书

石匠赛鱼王邦彦、门人赵广刊　克择本里相佐

元贞元年孟秋望日　立石人：冯敬等

3.明嘉靖二年（1523年）《告文碑记》

维嘉靖二年，岁次癸未，四月壬申朔月四日乙亥，赐进士出身镐洮知府致仕进阶大中大夫孙杰等，谨以请酌庶馐之奠，敢昭告于蒲台之神。曰：惟神以蒲得名，蒲以神显灵，神蒲交会，妙机难穷。水旱疾疫，响应随诚。蒲其覆没，神号虚称。谨移灵蒲置诸台峰，神其相之，百世攸存。谨告。蒲台神祠有石台，高丈余，上生菖蒲，水旱疾疫请祷，则露珠垂叶，应验影响。详见州志。近年旱干，乡人归诸蒲没。致仕知府孙杰等访得灵蒲，择日祭告，补栽石台之上。是日天气晴明，告毕旋归，甫至阳泉，时雨即降，遍于境内。群槁复苏，夏秋大熟，实神之惠。余辈目睹其事，不敢隐神灵验，敬以告文镵诸石，用彰神休，昭示后世。

义井耆老杨道隆等同石
大明嘉靖二年岁次癸未四月壬申朔越四日

4.明嘉靖十八年（1539年）《阳泉冯处士墓表》

举人同郡李应箕撰

此阳泉冯处士之墓也。处士讳子英，字□，姓冯氏，平定义井都人也，其先世谱迄无可考。高祖泰亨，曾祖益，祖德，父恕，皆晦迹弗耀。妣李氏生三子。长子玉；次彦，领天顺壬午科乡荐，尹新河，有政绩。处士其季也，生有美质，不好嬉戏，动止语默，有如成人。稍长即任家事，不及为学，而器识颖异，有过人者。事父母小心愉色，甚得子道。处兄弟和以敬，室无私积。待族党一以柔逊，不校为先，遇轻佻之徒，恒趋避焉，不与见，见亦不交一言，以是人多畏处士，不敢侮。居尝以勤俭自励，每日必早起，苟非疾病，未尝一日怠，竭力田作，所获倍他人，家日殷富。由是，仲兄彦得以一意问学，从师亲友，成就其器业，有闻于时，实处士有以相之也。饮食不选珍异，衣履甚粗，不以为丑，器用但取俭朴，不肯过为华丽。尝曰：吾每见人家子弟，以奢侈败家者，心甚恶之，吾岂可效尤哉？又乐分施。人有急，辄周之，无吝色，虽至于屡，亦未尝厌也。夫以处士之德，宜其享遐龄之福也，乃不寿以死，何耶！处士生于宣德甲寅，卒于成化乙酉，得年仅三十有二，呜呼惜哉！配张氏，贞顺义烈，生二子，长浩甫八岁，次岳甫六岁，而处士亡，氏年才二十有七，即以节自守，誓不他适，利诱而势迫之者盈耳，屹不为动。抚育二孤，至于成立。浩为娶郗氏，岳为娶李氏，生孙男子六人、曾孙男子八人、女子十四人。云处士殁既久，浩痛先德弗扬，无以示后，俾予述其事，刻于墓。呜呼！自圣教之衰也，人率务为诡异奇特之行，以邀名誉，求其实心为善者，尝少焉。是以民伪日滋，风俗日坏，而唐虞三代淳厚之盛卒不可见。今处士黯然自修，所为则皆平易之事耳，初非有心求异于人，以干名眩俗，而乡人至今颂处士者不衰也。使其幼时能竟之以学，而天复不靳其年，其成就当不止此。然则予于处士也，安得不重有所感也夫！是故表之，以昭来嗣。嘉靖十八年四月廿八日孝子冯浩立

本里石匠闫的厂镌立

5.明嘉靖三十六年（1557年）《重修蒲台神庙记》

乡进士弟　晋府纪善　阶正五品服色　郡人卧云王　之撰
赐进士第河南归德府知府前礼科右给事中郡人松溪李念书
儒学廪膳生员仰山郭綖篆

国家稽右定制，自几内以及府州县，郊天地，祀社稷，释奠先师孔子之外，凡四境山川之神，能出云物，致雨泽，御灾捍患，为一方之庇覆者，因而祀之不变。盖为斯民习而安焉，将使萃涣合离，有所感格，维击焉耳。平定州西二十五里，狮子山麓有蒲生石上，后有童子祷雨于石下，有露垂于蒲即雨，以苏大旱，遂立庙以为蒲台之神。建于宋之崇宁三年，历金元以迄于今，有祷辄应，民之所依者久矣。有司岁时将命祭之，遵礼典也，迎来遏方弗靖，政务丛生，而庙宇倾圮，修葺未及，乡人推道士蔡全福、翟真浩为首，鸠工聚材，协众相役。始于嘉靖三十四年四月，终于三十六年十月。殿宇门庑焕然一新，神有所栖，人有所依，神启其恩，人孚其秉，未尝命令之加，而公私兼济矣。呜呼，神以类冥，人以族祀，告焉祈焉，皆礼之文也，诚敬者，礼之实也。夫人之心与天地山川相为流通，举其实不弥，其文则敦本维风，和气致祥，神人交感，祷之而应，固其理也。若曰庙既成矣，委之在官，乡情罔协，谄而非类。淫用匪祀，而罔敬，名存实亡，明违法禁，幽则神应，殆非今日修葺之意

也。予既受道人之请，当人心协一之会，谨为数言，以纪岁月云。

大明嘉靖三十六年岁次丁巳十一月吉日立
平定州知州张孝同知文尚锦吏目安桂
千户所正千户朱大年儒学学正段好贤
训导刘世载 姚瑚 史冕 石工闫关佩刻

6.明崇祯六年（1633年）《重修关王洞记》

大明嘉靖二年，岁次癸未，四月壬申朔越四日

尝闻天人相与之故，以祸福为感应之机，人有言其或爽者，吾则以为不爽。平定八里余古村南庄处，地瘠民贫，其风俗厚，差役赖人以耕田烧铁为务，无敢有舞文犯法者。盖州莫此为甚。近日流寇猖獗，起秦至晋，波及吾州，二十三都尽行踩躏（蹂躏），其杀掠焚毁我房屋，屠夺我牛羊金帛者若祸，有呼天而不悯、祷神而方佑矣。惟南庄未到，州人大异之。及语诘其故，乡人云，伏魔大帝出现，贼见之逃遁落马，遂不敢犯我村界而东矣。乡人感神之德，因琼瑶山旧有神祠壹洞，年远风云飘摇，协力捐资，庙貌更新，不数日而大功即告竣。神何如其灵也，人何如其诚也。若天鉴南庄之苦，而人始得以邀灵于其神也，不然，流贼兵燹之害，胡不及于此村，神灵护之力犹不及于他乡欤？要皆南庄人穷而乐，于为善之所召也。若以神论之，则亦何香火殿宇之森森也，用是记之，以为后人作善规。

郡庠生 王者佐撰书并篆
纠首 吕京 白兴 吕钊 张化麟
画匠葛儒 泥匠杨鄘 石匠吕嘉镌
大明崇祯岁次癸酉二月既望吉旦立石

7.清乾隆三年（1738年）《新建蒲台庙戏楼碑记》

州西二十里有狮子山。山上庙宇不一，其间有名为蒲台庙者，其所由来曷可诬哉？噫，山中有大石一块，石上蒲草层生，草下泉水涌出，此天造地设，非人力所能为也。凡有求雨泽者，祈祷于石下，草上水点如珠，立刻雨泽遍野。人人服其灵感，遂于此处建立庙宇，塑灵瞻大王二尊。庙因名为蒲台神庙，神亦因名为蒲台神。迄今春祈秋报，数十村轮流供奉者，固多历年所矣。厥后，于蒲台神东壁又塑藏山大王一尊，固同与蒲台神布泽于苍生者也。雍正五年，天气亢旱，村人每请尊神祷雨，驾到即能沾足，其灵感神速，与蒲台神无异。是以之后，各有感激报效之心，共起补葺建之志。然是庙也，由始建以迄今补修，已经数次，殿宇则以辉煌矣，栋梁则已坚固矣。廊房、山门较之始建而更增益矣。报效亦何所寄哉？因思有庙宇而无戏楼，敬神之心无自而达，于是或输红粟，或出青钱，共举银钧之举,或施砖瓦，或助数椽，齐开金错之囊。各发菩提心，共成功德事，而戏楼之举，不日而遂成矣。戏楼成而献戏有资，而敬神之心，于是乎无憾。藉非神之灵感，何以令人不惮劳，不惜赀。每岁至四月十五，尊神圣诞时，各秉虔诚供神献戏，以洋洋大会也哉。故立碑垂后，以志不朽。

丙午科举人候选知县刘文明撰
护教道正司道正张义瑞书
岁进士白玠助银壹两

铁笔周林邦男相明仝刊
戊子科武举候选守备杨蔚
募缘纠首冯世登 张文秀 朱昂
大清乾隆三年岁次戊午四月吉旦
住持募缘僧智淮 智泉门徒德伸 德口徒孙性口仝立石

8.清乾隆二十一年（1756年）《改建五龙王庙记》

阳曰，天数五，地处五，应于五数。上下天地之间成变化而行鬼神者，龙之功为最著。盖龙之有五性，犹天有五星，地有五岳，人有五常也。自昔豢龙氏著绩帝舜夏后之世，鳞虫之长，非龙莫属。以故能幽能明，能长能短，春分而登天，秋分而入渊。小如蚕蠋，大涵天地，或见于绛，或□于郑，或畜于沼，或降于庭，被五色，食五花，贡五彩，备五方，嘘气则成云，运水则致雨，龙之为□昭昭也。吾州阳泉村，旧有五龙庙，或居村右，或置村南，迁徙靡常，率皆不得其地。非斩以崇正中而隆昭报也。嗣有合村善性等众，谋佥同，改建北方。夫址为坎水，而阳泉更饶其前，庙新于斯，可谓得其地矣。第见殿宇辉煌，金碧曜目。从此春秋祈报，致五风十雨之祥，以润我禾苗，以泽我桑田，以食我农人，以谷我妇子。凡所以沐龙之德，爱王之福者，将方新未艾也。夫匹夫一念之诚，可以格幽冥。后之人入庙而警雷动，赡像而念云从，嗣而葺之用叶乘时于以云行雨施，品物流行，歌有年而庆丰祥，谓非天下平之明验也哉。

时乾隆二十一年四月初三日乙卯科举人
吏部截取候选知县郡人张震爰拜稽而为之记

9.清乾隆四十七年（1782年）《庙前老槐树记》

从来莫为之前，虽美弗彰；莫为之后，虽盛弗传。盖闻前人之志，赖有后人继之；而后人之志，更赖有后人继之。始前与后终不至于湮没于无有矣。阳泉村西古有五道神祠，庙前有古槐一株，高数丈，大十围，系姚氏所植，培养多年，方成此材，庇阴一方，诚风水也。乾隆四十七年，因修广胤圣祠，居众共议捐费，欲伐为栋梁，赖姚姓重安阻抑遂止，因念此树系先人所栽，然谓此树尤风水攸关也，是即为古人之志，赖后人之志也。夫惟恐后人不知树之由来，复萌翦伐，姚氏先人栽养之志何在，重安阻抑之功也泯，故立石以志不朽云。

大清乾隆四十七年岁次壬寅吉日立

10.清乾隆四十七年（1782年）《重修广育祠记》

赐进士出身 安徽泗州直隶州 知州张佩芳撰
候选按察司知事男储来书丹

祠于大阳泉为中央，有元至正五年修造姓名碑，疑即祠之所始。正殿三楹，中设男女像各一：男冕旒龙衮，执珪如古帝王，居左；女冠金凤帔裳，端拱如古王后，居右。里人祈嗣于斯。去年春，霍明祥、刘瑞邀首事十人洎道士郗智镛同募重修，于是殿庑、门庭、钟鼓、乐楼以次修饬。今年秋，余告归，谒祠下，避讳更今名。或问于余曰：兹何神耶？余曰：其古高禖之神与？礼：仲春元鸟至，天子亲往祠，高禖后帅嫔御礼，天子所御，带以弓蜀，授以弓矢，于高禖之前，求男之祥也。盖古禖氏之官，故若为女。北齐之制，祀高禖则主青帝，为位于高禖坛上，以太昊配。宋又配以帝，皆古帝也。其今男像与？曰：并坐可乎？曰：不可。考祀之仪，帝南向，配帝西向，禖神坛下西向。本祀高禖而主，天帝以人帝配，配固不可并主，况其有坛上、坛下之别乎。且古者惟男女同牢布席，夫在西，□妇在东，御衽，夫在东，妇在西。非是，则不杂坐不同席也，故王者，父天母地。而南郊合祭，天地共犊。后儒犹讥其亵。其他祀祠，抑又可知矣。曰：兹其可易与？曰：亦非夫祀所以祈福也。汉平原祠长陵神君，子孙贵显，成帝以无子复雍五畤及陈宝。夫果人得所求，不必皆合于礼经。况其由来已久矣。由是言之，□祀高禖，可并祀配帝，亦可，即谓实非高禖，与配帝而祀之，亦不可。今村众三百余家，生齿日多，一乳两男者屡屡，安知其不自于此与？于是明祥等求余为记，遂书以刻之。

乾隆四十七年九月 日立

住持郗智镛 徒薛信梅 吕信琹 孙杨嘉宾 姚嘉寅 曾孙李祥霭

经理人郗正名 郗永年 范增 常永昇 郗镐 刘元仁 冯鹤 张可举 李来宾 姚重安 石工周立义镌

11.清乾隆五十年（1785年）《重修关帝祠记》

赐进士出身原任安徽直隶州泗州知州张佩芳撰并书

祠在阳泉南庄之南琼瑶山上，俗呼小山，而云琼瑶山者，元至元元年碣记□然也。明万历壬寅始为石洞，天启癸酉重修。国朝康熙间又重修，皆有□□。洞后有古松一株，岁久根穿损洞壁。乾隆乙巳，阳泉□有祥、李进福、郗品、□□、郗翥，南庄李俊，张存威，尹彦等，募建石洞三，与旧洞仅有数步，高广视□□前加倍，中祀一神，左右为墓食处。凡四阅月而落成。按前□□寇难，赖□□神佑护。全庄加修葺，盖感于神之灵异而然。余谓祸乱之兴□，必有□所。自饥馑荐臻而民无所食，宛转流徙，盗贼因之，非一世之故。已当是□□□时，存呼吁以求救援乎？以为功，其庸可再乎？国家承平百四十余年，时年和岁丰，无犬吠之警，此如天之福，抑神之所庇蔽也。其灵爽可胜，既乎□□。余故志其缘起，而并推所源，以使佥知祝厘之义焉。

经理人葛万林 张可仁

住持遇真观 葛礼钺

广育祠 郗智钺

乾隆五十年五月望日 石匠周子贵

12.清嘉庆十三年（1808年）《重修五道庙记》

盖闻庙貌巍莪，百代□宏，纲之重神咸赖矣。千秋肃毖祀之。瞻光街有五道庙仅一间，坐落在姚氏地基，迄今几历年。前人已补修一次，后为风雨颓衰。村中父老共议，各出己资，复修尊之。今工也告竣，将施钱姓名勒石以垂永久云，共捐钱三十四千五百文。

经理人姚重安

嘉庆十三年十月立

13.清嘉庆二十年（1815年）《重修五龙宫碑记》

泽被生民状大和，神休永赖奠山河。龙宫重仿钱塘迹，翠锁蒲台数笏多。大阳泉五龙宫祠，古

迹也。至乾隆二十一年，移建于此。祠院凿池深丈许，嘉水潺潺，鲜鱼泼泼，号龙池焉，为神灵休息所。又曰龙宫，祈祷雨泽，无不立应。天产其秀，地效其灵，乡人承受钧福，诚壮观也。奈何历年久远，风雨剥蚀，恐益致倾圮，无以荐馨香而妥神灵。士民筹善积募，鸠工庇材，仍其旧制，重新丹垩。于祠左复建大王祠，不日而厥工告竣。属予作文以记之。予思神之灵莫灵于龙，倏忽数状，变化不测，虽千言饰说，亦无以得其梗概。予又何文焉？然天下皆一，诚之相感也，前而乡先生理明幽竭，精禋以创建庙貌。后而士君子继志述事，本虔修以默妥神。休诚与诚相感，而龙之灵因人之诚，以并见其灵；人之诚赖龙之灵，无不各尽其诚。自此而殿阁门庑焕然一新，东接榆关之壮，西临狮山之耸，物华天宝，人杰地灵，世世乡民受福无量。

赐进士出身翰林院编修兼文颖馆纂修加二级。
纪录一次 张敦颐撰 郡庠生 李曰茂书丹
功德主 太学生 郗若(木雲)
经理人 李可大 白印文 冯鉽 姚全 郗祀 李翻 郗汝周 白载采
乡地 赵廷辅 李延章
住持道人 赵信柱 徒吕嘉诚 徒孙李祥凤 王禅鸣
嘉庆二十年六月十三日 铁笔周立志 周克勤仝勒

14.清道光六年（1826年）《重修嘒愉楼新建遏云楼记》

王者父天母地，而郊社之礼兴，所以报两大之德，亦即以神道设教也。顾郊非天子不得举社，则并使大夫以下成群立社曰：置社者，父为之后者，惟一人母则众子皆母之，设教民美报焉。虽党祭崇族、祭□，祭之尖小义起于民之众寡，实则里以上皆有社，所谓惟为社事单出里是也。特其仪或不传周礼籥章凡国祈年于田祖敛豳雅击土鼓，以乐田畯国祭蜡敛豳颂击土鼓，以息老物夫豳诗为王业之本而不陈于宗庙，以其非王者之乐。故用以索飨万物协天时，劝民事亦犹二南为风教之原，故以为燕乐也。二南既可用之乡党邦国，则豳诗或亦可通用与击鼓歈豳里社或一如祈年祭蜡与古礼多不可考。社之名则汉以来皆沿其旧，以今历书观之，近二分前后戊日特书社。盖择元日命民社之遗法也。平定俗以春社各设俎豆于里社，必招优人演剧，名曰“祭莪”。秋社亦如之，名曰“秋报祭莪之义”，或因周官祭酺以起，与秋报即所谓美报，与而招优人演剧，即土鼓歈豳诗之遗意欤。阳泉故有广育祠，祠之前建彗愉楼，每春社演剧于此。然岁久楼少倾圮矣。秋社则演剧于里之南偏五龙官之石台，台之阔仅数武，且亦就颓焉。岁辛巳，里人捐赀重修彗愉楼，并广石台而覆以宇，颜曰“遏云楼”。既竣，有余赀，又相广育祠之山门两观旧为土壁者，易以木扉，度五龙宫之禅房旧已毁废者，重起墙屋，筑削丹刻，焕然一新。噫！穷乡僻壤，土木繁兴，亦几废中人数家之产矣。而人顾赞厥成者，以其为社事也。盖社所以报本，反始报本，故礼无弗达，反始故心，无弗齐观于此者，孝弟之心可油然以生。是即圣人之所以神道设教，而且足以见圣天子修其教，不易其俗；齐其政，不易其宜休养生息，沽濡百余年之久，于以岁时祭祀，歌颂太平，亦所谓和榖以鸣盛也，故书以记其事。

里人李曰茂撰文 张晋暹 书丹
经理人 常瑛 张钺 白树德 姚谓 石狱 蓝丕振 李翼 刘鹤 冯步先 刘和中 郗振凤
乡地 李如林 冯旭 住持 史信枚 徒 王嘉宦 徒孙 李祥 王祥鸣
大清道光六年岁次丙戌四月吉日勒石
铁笔周锐 周克亮刻字

15.清道光十五年（1835年）《清皇例授昭信校尉郡庠生乡饮大宾占魁郗公暨德配例赠安人商太安人葬墓志铭》

公讳若梅，始祖自明初著籍平定，居万子居，后移居阳泉云日楼之下。十二传至公彦讳翥，国子生，以冶起家，设肆鹿泉，以通货于四方。母氏任之嫡姑也，与丈夫子二，长若檼，国子生，次即公也。公生而孝友爰，其至亲也，生茔墓祭必诚必敬，具详于家乘，乡人称之。其于兄也，自同炊居而□承让。兄殁相其室始终无间。一姊适商门，早寡，公迎于家事之，其请托事其孤，俾得成立。姊殁，公为之请旌，入祀节孝祠，妥主之日，公泣然向客曰："此可以慰吾姊之心矣。"

公幼读书，用心过度，体羸善病，父命挽弓以强之，公遂专精于武事，弓马刀石无不出众。壬寅春，宗师案临，公以第二名应试，头场弓马已注双好矣，次日较刀石，公失足为大刀所压伤右臂。宗师大惊失色，观者咸为公惜，及进内场纳卷后，例试硬弓，公仍能挽十三石弓，声色不变。宗师喜问曰，汝臂无恙乎？袒而视之，青肿特甚，宗师慰之曰，子勇士也。伤重若此，尚能挽强，不惜躯命，异日必能为国干城矣。首援之，公锐意进取，奈父年老多病，不能到肆经理，委家事于公，公出外三五月必归，省视侍养。惟勤以事，不能卒业。公一生勤俭，不骄不吝，宗亲族人有借贷者，当与即慨然与之，甚有不俟其请而即与之，皆如其意之欲得。至不当与者，坚拒之，不应也。其用财不苟如此。□伙有负公者，忍而不校，引为己咎。曰：我不知人，于彼何尤？其量又如此。公持家有法，勖子靡□。商安人经理内政，亦以勤俭为主，一籽一粒勿令浪费，以是其富较前且倍焉，子少读生承福傅至过而为，公岂有术哉？又岂能强求他人之有以为己有哉？富贵不与骄奢期而骄奢至，骄奢不与贫贱期而贫贱至，贫贱不与勤俭期而勤俭至，勤俭不与富贵期而富贵至。公处富厚而更益之，其所以绵绵不已而傅诸无穷也，此真可以愧天下之富厚者，而并可以励天下之贫贱者也，古人所难，今得见之，子乌能以不志？

公生于乾隆十八年七月二十五日，卒于道光十五年七月二十二日，享寿八十三岁，商安人生于乾隆十七年二月十六日，卒于道光五年八月十二日，享寿七十四岁。生子二，长敦仁，次象峰。孙男五，凝之，毓之，森之，新之，成之。曾孙四，效谦，效廉，效方，效正，今于道光十七年十一月葬公于朝阳岭新阡。爰为之铭，曰：

森之一言，发于考氏，富者宝之，遂至于鄙，公曰不然，吾契其旨。不吝于人，□啬墙于上，以定葆年，永膺多祉，克勤克俭，内助媲美，啬于此者，必丰于彼，绵绵翼翼，施于孙子，朝阳之原，新兆于此。同归至止，既固既安。永贞。

敕授文林郎壬子科解元广西梧州府藤县知县　南宁府分
辛酉乡试同考试官愚表弟任质淳顿首拜撰
例授文林郎乙未恩科举人吏部候铨知县眷晚生李曰茂顿首拜丹书

16.清道光二十九年（1849年）《清故候选知县张石州先生墓志铭》

刑部候补主事年家子何秋涛撰文
翰林院编修世年愚弟何绍基书丹

道光二十九年岁次己酉十一月九日壬寅，石州先生张氏卒于京师。先生兄子孝敉先一日适至，摄丧事，而秋涛亦以理疾，来与祁公子世长为泣而哭，既敛，诸君尝与往来相知相揖者咸会吊 。十二月甲戌归殡于平定。越明年二月，孝敉来告曰：叔父之葬，距其终百四十三日。卜者曰，吉窆维州西北十有七里，南抵所居阳泉庄二里地，曰昌谷阜，曰宜昆两叔母袝焉。子光友也，盍为铭。嗟乎，秋涛尚安忍铭先生哉！顾自念以年家子谒先生，一见如故，辱与同居，游知最深。能言先生之系行望

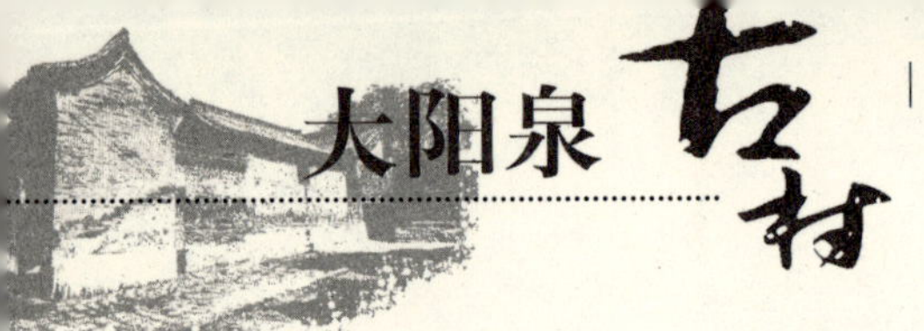

实，其秋涛是志之所独者，宜莫如不可以辞。因序而铭之曰：先生讳穆，谱名瀛暹，字涌风，一字石州，监生，封朝仪大夫，可举之曾孙，丁丑进士，知泗州佩芳之孙，辛未进士、编修、记名御史敦颐之第四子。幼好学，慕古作者，长诵六艺百家之言，固而存之，胶罅擘坚，无蔽于前，乃沉思，溯经诂，贯史筴，核天算，图地志，钩伏剟舛，敛古铸今，以为学无时代，惟其事尔，故其擘习皆朴学，非世所好也。素岸兀不可一世，睹嗜学迂僻士则誉不容口，以是介介寡合。惟阮文达公、程春海侍郎、祁相国淳父，与为师友。尝与俞君燮、魏君源论诸史，徐君瀚、王君筠讲六书，罗君士琳、郑君复光明九数，徐君松、沈君垚考西北边塞地理，诸君皆专门业，咸推服焉。识者为先生之学盖全氏谢山、钱氏辛楣之俦，非它家所可拟云。初，泗州以文学循吏名天下，先生绳祖业，尤留心经世务，然澹于进取。道光辛卯，以优行贡成均选充正白旗汉官学教学，积年劳，为知县当候铨，辄以负气忤贵人，弃去不顾，闭户人海几十载。左右图书，日以讨论为事，盖其志专欲以文学名后世也。性孝友，重然诺，都门馆毂以赡亡兄之孤，岁时不绝。戚友缓急，倾囊无少惜。家人将炊告乏米，意恬如也，卒时年四十有五。先生再娶皆有贤行，元配刘氏，训导寿川公女，逝。继娶赵氏，恭毅公元孙也，先先生一岁卒，生子孝兰，慧而夭。孝瞻以兄子来为后。女一，殇。于是，先生之妾方娠，未知其之子男女。始或劝先生墨著于版，曰：吾祖集未播，不可。乃校刊泗州《希音堂集》，又取师友遗草未编次剞劂之，故所多未辑录。先生既殁，秋涛偕何编修次其稿曰《口斋文集》、《靖阳亭札记》，各若干卷编修，为缮写成帙。《蒙古游牧记》若干卷，《延昌地形志》若干卷，杂涂乙未脱稿。秋涛将为理而成之，其已行世者，惟顾亭林、阎潜丘两年谱云。铭曰：孰甄冶是而胚其美，孰天阏是而尼之以止。身可忘学不可毁，纳铭幽墟奠厥址。

17.清道光三十年（1850年）《创修家庙续修族谱碑记》

冯氏隶平郡廿世矣。元明以来，祖庙未立，谱系亦存而未纪，自嘉庆年间，鉽公重为纂辑，而谱系稍详，迄今支派益繁蒸，尝无祠，良可慨也。道光辛丑春，族人思以祖田七亩易为立祠之赀。适有大禄公遗地一段，古槐二株，其本支施诸合族，作为庙基。爰立石洞三座，小砖窑二座，堂阶中门，群墙护之。夫自鉽公修谱，越今数十年，谱系又将失续，恐其久而难稽，遂旁搜远采，考正为编，更列世系牌位于祠之神龛，续谱至此又详焉。而古坟碑迹类，多倾坏。因并移于祠中，庶几妥侑先灵者有地，而碑迹亦不至湮没于风雨矣。但草创之举，费用实多，虽宗祠克建，而高阁配庑未备，心殊歉然。后之人有因其意而增修者，则冯氏之大幸也。是为记。

兵部侍郎兼都察院右副都御史总督江南南河等处地方河道提督军务加三级　愚弟　潘锡恩顿首拜

填讳　　冈书篆

道光三十年孟春吉日

经理人三成　冈仝　勒石

18.清咸丰元年（1851年）《平定张石州先生之墓》

呜呼！石州学博，志大气高，而昌谷不寿，孝于亲友于兄弟，而童乌不秀，著书满家。发言惊座，下士逡巡笈之。而鸿儒伟彦褰裳争就，惜乎！湛思远识，世莫能详究也。

咸丰初元寿阳祁隽藻为题墓石以表吾乡而传诸后

19.清咸丰十一年（1861年）《广育祠施地碑记》

咸丰十有一年冬，西关元通号上庄村潘玉成、王立言，南庄村张维垣，西峪掌恒裕吕神峪、郗锦、郗和、郗赢登、郗彦，本村刘煜、兰瑜、商魁、石书祥同兴善念，施神峪地一十八亩半，随带地内原粮三斗九升一合三勺二杪，爰刻片石，以垂永远。

谨具四至地名列于后：

水川凹地四亩，东至古道、西至天河、南至郗处、北至天河；瑶瑶会地四亩，东至张处、西至坟地、南至张处、北至土垅；二塔地四亩，东至郗处、西至古道、南至水渠、北至郗处；炉沟地一亩，东至郗处、西至古道、南至郗处、北至河渠；麻谷囤地二亩，东至张处、西至郗处、南至天河、北至张处；下塔地二亩，东至水渠、西至郗处、南至水渠、北至天河；长条堰地一亩半，东至石春、西至水渠、南至郗处、北至郗处。

保甲长　郗祥泰　郗锦荣　冯三成　王树元　温兴荣　郗骥　姚儁

乡地　冯玉苓　郗三秀

住持　道正同道正　王祥文叩

20.清同治十年（1871年）《重修玄天阁观音阁碑》

例授文林郎候铨知县丁卯科举人牛葆田沐手撰文

待授修职郎学廪膳生庚午科副优牛惇典沐手书丹

盖闻庙者，貌也，上以妥神明，下以邀福命也。况作庙于阁，则又赫濯所昭，而鉴观不爽矣。平定为古上艾地。州之西有郜曰阳泉，山势嵯峩，水流澹逸，秋月交辉于岩廊，春风激宕于池塘，选胜者谓灵秀，所钟敦实行能文章之士相继而出其间，诚哉为一邦之名薮也。村东偏，旧有高阁，东向祀　玄天大帝，西向祀　观音尊神。初未详，立阁伊始而觇其大势，诚此地之关防，为一乡之扃键。奈因年湮代远，风雨飘摇，触目动心，未有不凭吊欷歔，望古而怀陵夷之感也。既而拂拭残碑，抚摩断碣，乃知斯阁也，创始于前明万历三十三年，至我　朝康熙五十六年，复行补葺。盖自初建以至今日，已数百年于兹矣。庚午冬余适经其地，见夫轮奂生辉，栋宇啓瑞，直栏横槛焕然一新，顾盼之顷，不禁心旷神怡，低徊不置焉。继与郜人谈其事，乃知韩公德峻者，覩残之已甚，□剥落之难堪，诚非所以妥神明而邀福命，囙以矍铄之翁，膺难巨之任，不辞心力，孤身独当。于是奋义首倡，并纠其乡之乐善不倦。出外经商者，各携缘引，或慕化于邻封，或捐资于异域，而是乡中黾勉愿施，望切观光者，亦不乏人。卜□鸠工，顿兴土木。韩公经营其间，慎终如始，夙夜匪懈，几有食不甘味，席不暇暖者。盖斯阁之成也，微德峻公之力不及此，因旧址，外有染行所施到。

大清同治十年岁次辛未吉日立

21.清光绪五年（1879年）《重修广育祠功德碑记》

白大宾募化：天津萨宝实洋行、福成德、大德玉、恒利金店，各施银十两；老沙逊洋行、新泰兴洋行、永益成、源成厚、京都恒利银号，各施银五两。蓝得贵募化：凰台大成中、新乡县合兴店、河内泰顺店，各施银五两；德州恒泰裕、复兴公，获邑宗和魁、复兴魁、魁和成，各施银二两；德州德茂号、聚蚨号、白家庙协盛号，各施银一两；凰家镇宋宝升，范家桥余兴成，德平县广裕号，故县公义成、健顺西，林子街顺兴号、同兴号，里合务永盛和、广兴成，凤凰店健顺号，临邑达聚号、天惠源，平原县恒兴隆、文兴合，各施银一两。张国泰募化：苏曺泰兴店施银一两，承德州葛延龄、永聚隆、永义公，黄姑屯永庆公、双口哈兴店、武清县中兴店、苏曹德盛永、义全升，大成县张隆店、胜芳同裕店、杨柳青源兴厂、天顺厂，各施银二两；小范聚合栈、恒兴魁、平定元隆永，各施钱三千；

小范复盛店、冀州万合西、平定四合公、裕成魁、永泰盛、恒顺德、德全号、三合永，各施钱二千；平定鸿顺兴、允千吉、王居智、德盛堂、义合隆、庆元成，各施钱一仟。蓝得禄募化：获邑东万全、富兴隆、德聚魁、义合德，滨州兴吾号、青邑同正诚、义兴号，蒲台裕兴号，新城永庆和，周村源祥益、成兴西，济南府裕盛恒，定兴中和号，衡水县德茂鸣、因县隆盛号，武城兴成和，夏津公兴号，蠡县元成店，盂县益泰兴、义和成、复泰公、隆和公，平定义合永、广隆成、四和公、三有成、福庆隆，各施钱二千；博野县恒源店、蠡县恒成店、维口义兴店，各施钱一千五百；东沟庆兴店，施钱一千。张辛泰募化：雒口义兴店、永兴店，蒲台同成玉，德州泉盛店，承德府永久公，双口大德生，获邑永庆成、德盛上店、公义生、口合公，各施钱三千；小范口兴魁、德和源，永庆成、崇义成、天成益，平定庆宜公、元德恒、源森涌、德和魁、庆兴正、张祥寿、永隆长、源顺德、元兴成、和合号，各施钱一千； 库施钱六百。李桂祯募化：正定府庆成义，施钱壹千；德和合、灵邑德茂长，各施钱三千；正定府广成号、德义成、祥泰成、天庆永、庆和成、进义局，行唐丰裕成，获邑德和魁、日兴程、广丰隆，灵邑万源当、日盛号、积成店、恒裕公，栾邑富和成，各施钱二千；正定德兴永、永合成、积兴成、庆源恒、继德长、正兴号、福裕永、中和永，各施钱一千；王熙载募化：平定李阜东，赤峰县同合公，获邑同合号，双口合兴店，饶阳元成局，隆泰局，平泉道生号、道生永，平泉州亿兴合、福泉长、吉大来、复义昌、永裕公、景泰来、德源永，各施银二两。赵德富募化：获邑周佩璋，施银十两；常庆公，施银三两；永盛染房、德和公、信泰号，各施银二两；李洛自、张洛普、暨翕和，各施银一两；聚泰昌、复盛成，各施钱二千；永泰号、锦泰号、广恒德，获邑天德成、复泰德，各施钱一千；日泰照，施钱拾二百。张士元募化：获邑积善成、福祥成、永庆昌、德益成、福增成、积益成、德增庆、富兴陆，芦台德顺栈，吕汗聚盛栈，栾邑富和成，各施钱三千。姚岗募化：河西务合兴号，施银二两；通州万春合、永泰号，延寺恒庆号，京都天盛永，武清县西源全，栾邑聚发合，平定孟成，稻地成来局、董万龙，山东同庆店、福兴店、双兴店，各施银一两；山东广福店、裕兴店、全盛店、益兴店，武清县毓成号，冀州义兴合，稻地会聚隆，各施银五钱。刘忝募化：京都德泰永、富有号、长兴公、义兴公、源裕号，各施银二两；京都天裕和、富隆号、聚义生、广盛号，各施银一两；京都祥发大、聚昌厚、祥兴裕，各施银一两。张孝翼募化：栾邑富和成、天成泰、聚德成，各施银三千；田维堂，施钱五千；公盛店，施钱二千。韩德峻募化：盛京永和隆，施银三两；易县维新盛，坝县振亨局，稻地西德发，□邑聚发合，郑州双合成， 城福发合，汀流河双发合，郑州双合局，各施银二两；栾邑庆发合，施银一两； 城德发合，乐邑裕发合，各施银一两；王廷文，施钱二千；获邑李先章，施钱千二百；石卜嘴东庄、西庄，各施钱三千；西峪掌五村三庄，施钱四千；李一元，施钱十千；石匠杨永泰，施钱二千；油匠李成魁、姚蓝田，各施钱五千；五渡杨口梅、杨进忠、杨进富，各施钱四百。

光绪五年崴次己卯孟冬轂旦 勒石

22.清光绪十年（1884年）《义学施约碑》

立施约人郗森芝，今施到本村义学房院一所，并外村本村地共计九十四亩半。随贷原红契八张……共带实粮一石七斗五升零八勺，所得地课房租，俱作义学请先生费用。村中别事不准使用。并义学家倨内有花帐一本，交付保甲。乡地经理管约日后更换先生，务要保甲同议房屋，倘有损坏，以及房屋地土，争差与施工无干。两出情愿，欲后有凭，立施约为证。义学房院东至郗处，西至官道，南至大街，北至古道。

保长　王森　郗九思　韩元

甲长　白世成　郗进选

乡约　常秉和

地方　王成章

前经理义学　郗步堂

光绪十年十月十八日　立

23.清光绪十一年（1885年）《五龙宫重修碑记》

候铨训导岁贡刘芝圃撰文

郡庠增广优生崔蘅莅书丹

粤稽方社祈年，舞雩祷雨，久心折于。龙官之设，仿古制，重农事也，彼谓神道远，人道迩，特为不修人事妄贪神福者，祛其惑耳。究之洪范，载休徵时，若天人之相与甚微。统一乡之人，果能与五事相符合，所谓吾之心正，则天地之心亦正，吾之气顺，天地之气亦顺者也，其有不随感而应乎？阳泉龙官其来已久，惟规模粗就，岁时祈报济跄者，每苦逼狭，久欲恢宏，有志未逮。癸未岁，郗公森芝倡议重修，爰偏觞乐善，诸公定鸿规、筹经费，慨施大木百卅株，白金千余两，良田二十亩，务足其用，工几三岁，董理无或懈。落成后，同事诸公群推公为第一人，公谓一事共成，顾分伯仲耶？方工之兴也，相传郗公斯举，乃五龙征梦所感。噫，此乃精诚所结，正天人相与之实理。顾侪于凭石求弁，诸怪诞讵有当焉，抑闻之神道设教而天下服？况加以飞腾有象，震惊时亲。吾知从此诸公每一瞻礼，无不仰悚神威，俯念群力，亟勉于作肃作义作哲作谋作圣之地。将休徵时，若永永无穷矣。至神威之森严，庙貌之壮阔，工程之巨丽，有目共赏，铺张可从略云。

总经理：郗森芝

经理人：王森　韩元　郗九思　张启泰　郗进选　郗凝之　姚衡　石宝玉　蓝调元　刘密

冯致清　郗福　兰鼎元　张兴邦　张科

泥工　刘凤鸣　木工　刘长寿　铁笔　刘秋文

大清光绪十一年岁次乙酉十一月谷旦　合郙公立

24.清光绪十一年（1885年）《五龙宫地土房院记》

买到：东面康姓地二亩，东至东墙，西至官中，南至大河，北至李处，原粮一升；西面郗姓地基半亩，杨树三株，东至庙基，西至蓝处，南至天河，北至王处，原粮一升五合；北面姚姓房院一所，东至张处，西至古道，南至官处，北至古道。郗森芝施到：砣河岭地六亩，计十一堰，东至常处，西至天河；郗处南至刘处，郗处山水北至蓝处，石处买主山水，原粮七升二合，租米三斗；东平地六亩，计二堰。东至郗处，南至垅根，西至张处，北至古道，原粮一斗八升，租米一石二斗；小山地五亩，计六堰，东至古道，西至郗处，南至郗处，北至蓝处，原粮一斗，租米七斗；石佛凸地三亩。东至郗处，西至郗处，南至水沟堎根，北至郗处，南北荒坡一切在内，原粮六升，租米四斗。王森施到：西平地一堰三亩，东至王处，西至郗处，南至王处，北至郗处，原粮七升，五合租米六斗。共粮五斗一升二合，共租米三石二斗。上一切处地均属保甲乡地经管，与广育祠无干。献钟一口。郗凝之出钱十七千五百文。郗森芝出钱十七千五百文。王森出钱十七千五百文。郗振藻出钱十七千五百文。

大清光绪十一年岁次乙酉十一月谷旦合郙公立

25.清光绪十一年（1885年）《五龙宫规条记》

一、庙内地亩保甲乡地经管，不许以公济私，每年粮草及时完纳，不可拖延；一、保甲乡地跟看地亩椿堰，倘有坍塌，催促种地户修补，不许置之不理；一、外人租种庙内之地，必须保甲公议，不许一人专主；一、庙内不许窝留匪类赌博滋事，如违遂罚；一、正配殿庙院内外，每日洒扫洁净善友，不许懒惰；一、每月初一日十五日，保甲上香善友，鸣钟添灯，务必齐整；一、庙内不许堆积柴草一切引火之物；一、圣诞会期会友供祝理宜善友听用，不许推诿；一、庙外树株戏台善友不时检点倘有愚男作践保甲遂罚；一、庙内所置棹椅器具等物，备有账簿，善友经管，一概不准外借，如有短少善友，包赔。

大清光绪十一年岁次乙酉十一月谷旦合村公立

26.清光绪三十年（1904年）《清诰封恭人郗母杨恭人墓志铭》

赐同进士出身直隶即用知县杨大芳撰

授文林郎拣选知县甲午科举人王韶兰丹书

恭人杨氏，例授武略骑尉侯补千总嘉庆戊辰武举对廷公之孙女，武庠生东泰之女。诰赠中宪大夫加闻知府衔新之公之妻，余之族姑也。光绪甲辰，余忝捷南官，奉旨入都试。往谒恭人，恭人执余手而言曰，汝杨家千里驹也，勉为之。拜别后，觅车北上试毕，接恭人子永寿来函云，吾母杨恭人于六月念一日仙逝。今卜葬有期，不可以无铭。君系戚谊，知恭人悉，故乞为铭之，愿勿辞焉为幸。余捧读之下，不禁潸然。呜呼！执手之言犹在，曾几何时，竟作永诀□耶？爰就得于都人士者，姑疑为文，非敢谓克阐幽光也，聊以见善必称，叙梗概云尔。恭人性和顺，少失怙，事母至孝，修家事有法。十九岁归郗氏，奉尊章无所缺。三十五岁，夫新之公卒。恨身无所出，几不欲生。会家政日剧，受兄公应林托，凡闻内大小事归恭人经理。俟有子即继以为嗣。不得已，乃含悲忍泣，复自相劝勉曰：既受此托，敢不悉心力以治父母之家，治夫家事。及胞侄永寿父母卒后，所有恩养一切皆如己出。念至此，而恭人大功于郗氏者，岂浅鲜哉？况处富厚而无骄色，克勤俭而有懿行，求之晚近，更非易易。以恭人而能□，是真不愧巾帼中之丈夫也。已然而世所器重者，犹不止此。盖自来归，以至于余五十余年，处膏不润，与人无争，事夫与夫之党若□上然，待侄与侄之党若子然。每自戒不处白人善否，若靡靡然，藉此为聪明，皆恭人所不屑。故内外亲无□□疏近，无智不能，咸爱敬之。在前者多自叹不及，后来者皆曰：可矜法也。及丧，来吊哭皆哀有余。迄今，历观生平，无加人一等，非独被族中乐称其德，即我杨氏亦与有光焉。恭人卒于光绪三十年六月二十一日时，生于道光七年八月初五日巳时，寿七十有八。余将于光绪三十年九月初七日，启新之公，扶恭人柩，合葬于朝阳岭之先阡。谨按：新之公，字德□，诰授奉直大夫、昭武都、尉饮大宾景玉公之次子，诰赠中宪大夫四品衔赏戴花翎应林公之仲弟，例授昭武尉侯铨都司信斋公之仲兄，卒于咸丰十一年二月二十二日酉时，生于道光十一年二月十日卯时，享寿三十一岁。子永寿，中书科中书，系信斋公子。公只一子，兼祧两门，一以遵嗣小宗之例，一以报恭人抚育之恩，女一，继兄公应林女适光禄寺署正张公大国，逝。孙女二，未字。余应试来京，诸凡日迫临笔，未暇修饰，谨志一二，俾勒诸石，永垂不朽，不负致函乞铭之诚心焉耳矣。铭曰：

励仉氏之行，修欧母之名，究厥女初，不倾不盈。为郗家妇，罕有其伦，柔惠志且□。凡诸兄辈，各效其廑。雏凤来且清之寿。作明，四德克明，几受此丹诰堂封，卜多福以争荣。一女子身，胡不愧铁中之铮铮，疑不信，请监吾铭而表其诚。

承祧孤哀子永寿泣血瘗石

27.清光绪年间（1875～1908年）《大阳泉创修义学碑纪》

昔范文公，吴人也，为参知政事时曾隽（捐）义田义学，用瞻族党，□踵于奕。迄今八九百载，栽培熏陶，人才蔚起，益惠泽之，绵之久□。诰授昭武都尉、候铨都司、乡饮大宾郗公景玉，闻其风而慕之。窃私训：□王道也，非教何能？村野山林，岂□少姓天超迈可以造就者，患在豆釜□□。遂使攀宫墙而却步，望乡校而怆神者，所在多有。公且览于此，而心□风灯朝露，一旦僵仆，夙志未伸也。亟命长子森之、三子成之、长孙凤鸣修业之所广储馆，设以作延师之资，俱使施于公中。择值正人经营□，而是岁夏杪公即□世。森之、成之，谨继承父志，鸠工庀材，□以锯千，罔□义学之意，并房院地□学中规条。勒于石。是为记。

义学房院一所，正窑三眼，东房西房四间，大门东西铺房八间，东院正房二间，毛厕厦棚三□。□本村枣堰地七亩，麻巷地口堰十亩，沙沟地一堰一亩半，东河地一堰二亩□，□巷地三堰□□，以上带粮七斗七升三合八勺。东平地三堰七亩，带粮一斗二升，范家垴地三堰四亩，又下堰一段四亩，带粮一斗一升。义井红栊湾地六亩，带粮一斗一升二合。南垴地五亩，带粮一斗。北沟河地四亩，二里坡地三堰□□，小阳泉磨虫石地一堰三亩两分，带粮二斗。小西庄村湾腰凸地六堰六亩，石圪叠六堰三亩，前头地六堰三亩，带粮二斗二升五合。西河村柳树坡地四堰三亩五，庙路西地大小六堰四亩，带粮一斗一升。以上共地九十四亩半，带粮一石七斗五升零八勺。粮柱系义羊都六甲义学堂。请师须择有品行者，每年所得租米予为延师资费。临街铺房所得房钱，毛厕所卖粪，不作为学中分粮煤炭薪水岁修之用。每年经理义学正月上旬择日到义学，公举经理人一二位，须正直者。

经理人支费屡年存项，学中器物清注账目，当日交代有条。

入学勿论本族异姓，须先见经理义学人，告知先生。然租地户先要交清，不许迟延。义学中所有桌椅器物（下缺）。

28.清宣统三年（1911年）《村中公议捐款修理街道布施碑记》

宣统元年己酉仲春兴工建修街道，取石于西山，募资于本村，由东阁至西阁所修之路长百二十余丈、宽八尺有余，计工料共费钱伍佰六十余千，建造二年之久至庚戌十月工竣，谨以修造之年月布施之姓名，刻石以垂永久。（以下人名略）

宣统三年□次辛亥仲秋月□旦

29.民国7年（1918年）《禁止沿村开矿石铭》

自光宣以来，矿务盛兴，每有不明矿章，乱行开采，因之时起纠葛。民国六年，村人冯氏在村东沿开凿，合村以为在村边开采诸多不便，劝其闭歇，送钱壹百吊整。大众在广育祠议决，嗣后如有在大阳泉沿村开采者，必须与村中商明，然后再行开办。遂立东、南、西、北界石为记。深恐代远年湮，无以为据，故立此石，俾众周知云。

大阳泉村公立 中华民国七年

30.民国13年（1924年）《清诰授中宪大夫花翎知府衔中书科中书介眉□□□□□氏墓志铭》

前政事堂存记特派清理热河官产处处长热察绥巡阅使署秘书甲辰进士热河胡□□□□

三等嘉禾章前参议院议员丁酉科举人阳曲曾纪纲书丹

银色二等褒章银色双穗奖章农商部□议前国务院秘书厅第三科办事员平定张赞篆签

余友郗公介眉者，祖居于山西平定县西乡之大阳泉村。其先由业铁兴家，克勤克俭，已越七世。绝无奢侈之风，故人号为望族。至公介眉，虽未创业而守业，则可告无愧于先人。公讳永寿，字介眉，性和平谨，愿与人无忤，待戚族怡如也。遇婚丧酌其轻重，无不解囊慨助。至今依其生活者，尚十余家。尤可嘉者，遵其伯父重如公遗命，民五年，连饥馑，慨赈合村米若干；民九年，□□□捐助平定中校银五千两。性虽俭而丝毫不吝，尤为人所难能。故前清将其先伯重如公配享忠义孝悌祠，全县称颂，公之力也。民国八年，公于十一月善终，全村慨叹。至民国九年，北五省又馑，我晋东南半壁尤为死亡枕籍。本县新任知事刘来舍劝捐，备极诚恳。公之堂侄采藻遂伙捐大洋七千元之巨。虽极感困难，实亦以承其志慰其魂也。窃念放赈为第一功德。公享年三十九岁，而赈饥则已筹（备注：以上为前半截碑）

公因艰于嗣，于某年由省请妾二人，均生子女，惜乎未育。后又在石庄请一妾，未育。正妻王氏生女二，长适盂县乌玉村奉正大夫中书科中书李公延贤长子琪龄，次适本村例授登仕郎王公熙纯之子王岗。介眉郗公原配本县城南宋家庄庠武生王公慕通之女，继配是村例授武略骑尉候铨千总庠武生王公汝楫之女。其余小善小惠实难枚举，行将窀穸，爰为之铭。曰：

登彼西山，蒲台拭目。远瞻近眺，缠岩绕屋。毓秀峥嵘，在彼空谷。人杰地灵，荟萃一室。脊令在难，螟蛉式谷。慷慨赴义，循名核实。好善急公，均蒙其福。有条不紊，遗书在麓。轻财重士，舟麦仿佛。食客如云，孟尝不独。维风正俗，以景芳躅

孤哀子 瑞藻 瘗石

中华民国十三年夏历十一月谷旦 勒石

平定马大名镌字

附录3 《郗氏家谱》选录

重修郗氏家谱叙

尝思家之有谱，犹国之有史，固所以昭信纪实、承前裕后，亦实以使祖功宗德，箕裘下达于云礽，春露秋霜，享祀不遗于耳鼻。是谱之所关甚重，岂惟是正名定分、别派衍流已哉。如我郗姓，祖居山阳，迁籍平定，非无据也。州治之北五十里万子足拒城村，有我郗氏古坟一座，内植黄龙树一株，即世世传为黄龙坟。迨后树老凋谢，萌蘖复生，今又围圆方尺矣。此或亦吾坟先祖之灵爽所凭依，不使古迹之或亡欤。曰年深日久，寻为冢密，不知何代移迁茔于黄龙坟之下，曰梨树堰。又不知何代又迁茔于本村柏树垴。其中有柏树数株、石秀亭两座，刊“大金大定八年岁次戊子孟冬十月，郗智、郗万立石，系山阳郡人氏”。由是以观，由金而上，由金而下，已七八百年矣。其间祖若孙之散处，不知几迁，高与曾之坵穴，不知几更。虽有祖名可稽，而历代久远，究不知为何支之宗、何派之祖。其确有可据者，惟有明洪武间，我□□始祖名彦者，身列宫墙，聿修厥德，上承数百之阴行，下开十数传之休光。乃由乡及城，卜地于州东南凰翅坡立茔，盖倚冠山为祖龙也。我郗氏发祥之瑞遂兆于此，厥后，彦子宽继父书香，泽及后人，为二世祖。宽二子，长讳信，次讳义，为三世祖。信由宣德岁贡，任常德府照磨。夫以父子相继，祖孙代异，三世之间，已一本二支矣。嗣是，信子讳璇、讳瓒、讳珙，义子讳福，原讳昭者，乃四世祖也。珙为景泰丙子七年举人，后任陕西归德州知州，为国恤民，辄有惠政。四世而下，若虞、若豸、若夔、若鸾、若鸿，则我五世祖。夔乃珙子，中弘治壬午进士，后任行人，升给事中，以身殉国，恩宠谕祭。鸾乃福原子，由孝廉举人，太原府布政司令使。当此之时，积德光前忠孝，绍四代而大著，贻谋燕翼廉明，由五世而愈昌。一时宗派繁衍，家声振振，我郗氏已传之六世矣。六世祖讳瀛、讳淮、讳澄、讳汉、讳元溟、讳元深、讳元洪、讳元清、元澈、讳瀛州、元洁者，皆六世祖也。元溟，系虞四子，为洪治例贡。元深，夔长子，正德丁卯进士，后任寿州知州。元洪，夔次子，正德辛巳进士，授主事，升御史。元清，为王府典膳。元澈，食廪王府王朝。瀛州、元洁，俱系鸾子，亦皆食廪饩。延及七世，彬为元溟长子，中嘉靖己卯举人，后任陕西凰县知县。木为元深长子，梅为元洪长子，松为元洪次子，桢为元澈长子，俱例贡。恩、忠、惠、志四人者，瀛州之子也，志系廪生。宪、慰、懋、应四人者，元洁子也，俱寿官。至于八世，灿又淮之孙，士孝之子，由嘉靖甲子举人，后任礼县知县。永禄，又元清之孙，柱之子，中万历壬午武举。惟聪系宪之长子，惟吉系应之长子，皆一时俊秀，身列黉官。迨及九世，则皆灿与惟聪辈之子侄也。伯仲志系为先，入泮者俱多。惟聪长子光晋，由万历戊子举人，后任鲁山县知县。及十世间，高与曾既振家声于前，了于子孙，绪书香于后，作述倚赖，实繁有徒。是为十世祖。斯着蛰蛰之多，垂裕长丹桂之望，我郗氏宗派是为十四世矣。乃人以世更，祖以茔分，祭扫者各异其地之者，又重其讳，匪惟卑尊不识，长幼倒置者，所在多有。将传之又久，保毋秦晋一姓，路视同宗者，其弊曷可胜道哉。虽曰户大族繁，实亦家谱不修故也。缙素覩先谱之残阙，目击族之殷繁，原有志未逮。乃今乙卯春间，适有同是心而兴起者，余伯侄书秀，爰约合族人，先输己财以供支费，嘱予修谱。余因不揣固陋，殚精竭力，毅然从事焉。是举也，不独序其本支，举夫有明以来，州治之境，凡为黄龙坟所出祖考子孙，以及托处邻邦有所系属者，悉举而次第之。其他洪武后先，不无隶籍他乡之祖，但世远地隔，难以周知，则亦惟两相待之而已矣。今果何所措手哉，或考根柢于残谱，或见实迹于碑阴，或搜世次于古坵之内，或查内辈数于龛图之间，或则因此识彼，而本支访别派而疑决，或则由后察前，而宗亲质异，戚而真传。其或高会异处，不辞过都越国之劳，以求其实，其或子孙异地，奚殚陟山涉水之艰，以核其详要，皆由末反本，从流溯源。经营一载而草谱成。其谱维何，先分世图以别派，后合族系以等伦。大约有明以来，股衍五大辈方二七，虽其间不无先讳之遗漏，字意之舛错，前后左右之背谬。然此则不知之过，而非有意之罪。上可以告祖先，下可以别后人，自今以后，惟愿合族之人，披图而识祖孙父子之伦，阅卷而知伯叔兄弟之等。常切水源木本之念，常存慈孝友恭之情，勿以小故而伤骨肉，勿以微嫌而损天亲。此固予修谱之意，实皆予伯侄之力也。复冀后之贤子若孙，念创修之艰，永传斯谱，逦为补叔，以垂不朽云。

雍正十三年岁在乙卯仲春吉旦
经理纂谱人十二世孙郗书秀
纂修家谱人十一世孙郗缙
郡庠生薰沐识

又叙行谱法式

譬之甲乙丙丁戊己庚辛壬癸，皆可行谱。五世之戊，上承一世之甲为元孙，下系九世之壬为高祖。所谓世再别，而九族之亲备也。九世至十三世亦如此。但行谱之内，有先人与先人名号相犯者，其人俱故不便更改。然所犯重重，而混列谱内，又未免混杂不清。惟就晚辈先人，或犯一字讳者，其中添一虚字，如君某、本某皆是。有犯二字讳者，观其等伦派意略，换其字，不换其音。有后人与先人名号相犯者，观其年纪，如中年之人，其名以彰犯一字讳者，其中添一虚字，如子某、尔某皆是。犯二字讳者，换其字，不换其音。年少之人，音字并换。有后人与后人名号相反者，不论尊卑，惟就晚年之人，改之而已。倘尊卑相犯，其年俱迈，则取卑者之名，换其字，不换其名音已也。然此亦惟行谱之内者为然，至古迹所查先讳散名，仍之。

元深 高
嘉靖丁酉拒城先人
名 子四 廷 聚元周金 廷悳 子四 岱昆崇岩 大兴 子四 升春雷贵
妆 二子 才 有成 朝 英洪 玉 子二 廷 臣璋
宽 子一 廷文 能 子一 自成 厥
彪 会 瑾 洪 廷
景云 景瑞 朝用
顺治三年拒城先人
进忠 进孝 奉官 公兴 公仁
明悳 奉室 侯 朝奉 凤
友亮 公道

以上先讳，不知辈数，皆从古寺庙碑记所查。其中重名重字，先后相反者，固其有之。而但以成化上下而论，即其世按其人，其有名号相反者，相去不远。或乡城之人而同名者，未可知。或即一人之名而四者，亦未可知。注之，以备查考避讳。试观福、原、夔、鸾、元、深、乡、城共由，则前人之所必由，无容疑矣。则诚哉，拒城之为祖居也。

再观移穰之有友全、友旺、友兴，拒城之有友余、友盛等。移穰之有文表、文通，拒城之有文盛、文清、文玘等。移穰之有廷贵，拒城之有廷周、廷金，且阳泉之有廷玉、廷治、廷春等，则安知非当日先人，四散亲处，而取名之派，犹相仍者哉。黄龙祖茔，□其然乎。明死节礼科给事中郗公墓表

呜呼，为子死孝，为臣死忠，此人生所秉之懿，固于心而不可鲜者也。自光岳气分，士无全节，

于是有当死而不死者矣。司马迁曰，人莫不有死，死或有重于泰山，或有轻于鸿毛。今夫臣之事君，事变之来，苟死则轻生，不死则害道，二者将安所取决哉。变故之微，可以死，可以无死，不死可也。至于遭大变，逢大机，势有不得不死，于此可以通变权，可以达变，将有待焉，不死亦可也。苟不能焉，一死可以慑奸雄之心，可以消国难，可以树世防，则忠臣志士，恒乐趋之而不悔，益其见之明而守之定也。余阅礼科给事中郗君之事状，深悲其志之穷，惜其时之不幸，真以身殉国而决于一死也。正德时，权奸刘瑾用事，流毒衿绅，械死边伍，改玉之图，先欲置诸子弟于禁卫地要，至于四五年极矣，而未有所困。边虏寇犯我延绥诸路，守臣连以捷报。时君为礼科给事中，奉命往核之。贼瑾召君入左顺门内，授以盈尺之□，面语之曰：此吾子第二汉辈三十六人之名也。汝到延绥，冀为注获首虏功次。君曰：老监家，恶用是为哉。瑾曰：非此莫可获典宿卫兵。无德不报，汝为吾辨此，归则擢君上乡矣。君应曰：有命。瑾连呵者三。君忿忿气拂膺，下阶失足伤颜面。抵邸舍，乘间谓仲子元洪曰：此贼蓄不轨之心久矣。今日所属，意有在也。予即欲发其奸，第其迹未形，言之无益于国家，徒贻家难耳。元洪请其故，君曰：自昔叛逆之徒，必布子弟于要地，窃国家之柄，始敢成其私。若

先朝阉监曹吉祥，先令曹钦据锦衣，而后敢称兵以犯阙，王振亦先令王山据锦衣，而后谋倾宗社而不忌。今日此贼，逆谋未形者，以子弟未典兵耳，故欲冒延绥以为之所也，予听其□，则是司马氏之贾充成济也，咎将谁执？昔汲□在朝，淮南寝谋。予今日之往，当守所畏，而不敢或寝，其所谋乎。小子志之。濒行召其内，谓曰：我式赖尔相，以终厥事。我行匪他，恤善抚群，嗣以承我宗祧。又召其诸子前曰，无我戚，祗齐载尔所恃，无堕厥绪，用昭我先人之德，以永终誉。又语所亲交曰：维兹行重且难，我不敢聚□乃事，惟不有我躬。言讫，他一毫不之及，慷慨就道。瑾亦遣人挟之行，道平定，过其家，不敢入，见舅氏，恐贻之祸，乃望门而稽颡再拜，悲戚不自胜。踰月，抵延绥公舍，数日，有中使称自京师来，受刘某指使给舍如所属，有不次擢，否则责以不恭王事。君叱曰：予朝廷命臣，使者何得无礼。中使曰：公无忿，刘某付有驾帖，令械公，且令道杀之。公不从刘之命，可自决，无苦役我也。君叹曰：予以名进士，为天子□侍臣，早生所学何如，顾乃从贼臣之谋乎。其忍而从容至此者，欲观其变耳。今若此，予志决矣。乃就经而卒。斯时三月十二夜也。报至京，朝士无识不识，皆悼惜之，有为下泣流啼者。瑾闻之色阻。秋八月，果以逆伏诛。自后权奸迭用，亦无有以君事为言者。今

天子即位，下诏举褒忠之典。台谏争以君事上请制，曰：可赐文论祭。于是君之精忠，一日显白于天下。君讳夔，字舜臣，世为太原平定州人，曾大父讳宽，大父讳信，以贡士任常德府昭磨。父讳琪，以乡进士知河南归德州事，辄有惠政，母郝氏。君幼，警敏嗜学，善属文，一时侪辈，咸莫获攀而伦之。弘治己酉举山西乡荐，上春官，连试弗利。游大学有声，所与皆海内名士。壬午，登进士第，授官行人。当奉

命兴赵府丧礼。王酬以金帛，辞不受。

孝庙宾天，捧遗诏于辽东。值朝鲜使臣，以入贡请观，辞勿见，第往哭临，闻者以为得体。考三载绩，迁户科给事中。甫两月，丁母氏宜人忧。君性至孝，事归德公甚诚，恒恨归德公禄弗建养，养母备极甘旨之奉。□丧哀□踰礼，至于骨力，服阕，改今奉官

命点京营军，素称豪猾，多凭负，公法令严明，咸畏服不敢少犯。未几有延绥之往，以及于难。年甫四十有六耳。配王氏，千户政之女，有贤行。男子四人，长元深，以乡进士，知寿州事，次即元洪澄，辛巳进士第，官户部主事。又次，元清，为王府典膳。又次，元澈，为郡庠生员。女子二人，长适举人李时达，次适监生白铁。呜呼，正德时，贼瑾横行，义怀改玉之圈，其发之迟速，特决于属君延绥之行何如耳。君探恶以身殉国，以死拒之，而无所顾。当时亦有为君虑之遇者。迨贼败露反

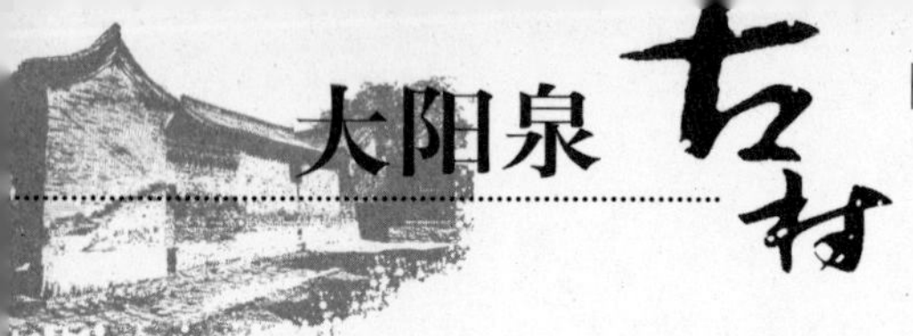

迹，俱服其廉。其当信妖人，谓其侄二汉辈，有异状，固欲成其逆谋，所以一时徘徊畏缩而不敢肆，卒至于败者。盖胆落于君之不行所属，以死殉国之烈，而彼无所籍，故也。然后知君之一死，以折叛乱之锋，以立忠义之表，以一身卜国家之安，其死有重于泰山，而固非轻生者矣。孟氏有曰，有安社稷臣者，若君非其人与。元洪雅当从予游，撰君事状，来致书曰，先人死国之忠，今虽蒙恤典以慰幽魂，然其守死之义，与夫制行之详，犹隐而未彰。闻有书者，目触时艰，亦多隐词。敢愿有所述，以表诸墓道。初职史氏，几人有一行之善，皆欲书之，以为世劝。矧君死忠之大节，烈匕如是，何独靳于一言哉。爰敬书于石，俾后之人，欲知君之有所以死者，有所考，且以著君之一死，为国家屹底柱，遏中流之□波，关世道之大机也，是为表。　赐进士及第翰林　国史编修文林郎兼经筵官，江右贵溪桐岗黄初撰。郡庠生张天衢书并篆。

维。

嘉靖二年，岁次癸未，六月庚子朔，越二十三日壬午。

皇帝遣山西等处承宣布政使司右布政使刘泽

谕祭于礼科给事中郗夔

曰，尔以朴茂之质，敏达之才，擢秀甲科，蜚英谏苑，效劳既久，抗直敢言，边徼核功，坚执不屈，权奸擅政，忧愤自经，更化之处，含冤可念，特加恤典，谕祭尔灵，九原有知，尚其歆服。

以下名单略。

皇帝勅曰，人臣有劳于国，

朝廷必宠其家。肆惟伉俪之良，均被褒封之命。典章俱在，存殁攸同。兵部武选清吏司郗元洪妻，元配王氏，继配陈氏，出自宦阀□于名门。礼仪相成，方着宜家之美，琴瑟中断，竟违偕老之心。宜有渥恩，以申褒锡。兹特均赠为安人，庶懿灵之有知，服休光于无斁。

勅命

嘉靖六年正月十三日

之室。

维

正德十五年，岁在癸丑，秋闰八月丙戌朔，越五日庚寅，兵部侍郎杨廷仪，敬具肴醴致祭于

郗进士配孺人王氏之灵曰，呜呼，孺人生于令室，配于名家。□匕婚媾，亦孔之嘉。既主中馈，有仪有□，无间尊嫜，以及宗眷。内助之贤，相夫有成。桂籍仙通，□岛蜚声。王曰贤女，郗曰贤妇。百年之好，维良且固。胡为一疾，遂尔大戚。抚然闻之，我心恻匕。

譬彼嘉禾，既苗而秀。实之不获，天胡不佑。呜呼，惟严君有元，献爱女之诚，而择婿有仲淹之贤。孺人接华胄之遥，而助夫子在东坡之前。既已遂韩侯蹶里之美，而不能期君子偕老之年。此情知所钟而反夺理之所阙而莫全，势之所限而莫专者也。余辱爱于严君，非一日之雅，而纳交于夫子，有通家之情。灵□既驾，就彼佳城。无由执绋，瞻彼丹铭。薄陈遣奠，纾此衷忱，尚飨。

（以下人名略）。

在城一世彦支派，住十字街，系一大股。移穰三世征支派住二村，系一大股。世世有考，此两大股，更无疑矣。拒城六世儒贵支网，七世方金、允福、允昌、允官，天相、天臣十名住四村，系一大股。大阳泉，六世大惠，大贤、大虎、大仪、大空、大富，七世瓒、柱，八世廷留，九世隆、新、启、洺、泓，注满十六名，住八村，系一大股。此二股，村多名繁，先世无稽，名讳失传，实难详考。观移穰之有友全、有旺、文表、文通等。拒城之有友余、友盛、文清等。又有廷周、廷金等。阳泉之有廷玉、廷治、廷春等。安知当日先人，四散杂处。取名之派，犹相仍者，以此作两大股。

住后街西峪、东关七世清，八世尚银登名，本恭九世有林、朝阳，派一大股。如东关有廷尔、廷

选、廷诏、廷弼，在十二世。拒城阳泉之廷周、廷玉等，在八世。取名之派，不可信矣。前所言字意外错，前后背谬，实难知之遇也。日后族中有相继承嗣者，须择同祖之后，立嗣为妥，慎之慎之。

自今授谱之后，凡我族人，念叙□之不易，各净存而勿亵。命名先查其祖讳、辈数各填其位次。如有男婚女配之家，许合族人等，俱造门恭喜，至礼之轻重有无勿论，若不知者，则亦无责焉耳。若有祖父、祖母以及父母、伯叔之丧，许有事之家，预报族人通知，各股公凑上□送殡，礼之有无亦勿论。如有事之家，或别有所为，不劳族人多至者，许各股将所凑□仪，作一二人去之亦可。至于据城黄龙祖茔，待今□立碑之后，十月初一日为始，后按股每年轮流做东祭奠。

（以下人名略）

郗氏续修家谱

自雍正十三年我先叔　缙与先兄　书秀家谱以至今年已四十余年矣。夫先人虑族易淆繁，世远易忘，恐有尊卑倒置，互相秦晋，视亲如路人，因以修谱，其为我后人虑者，至深且远也。不有续修者，将迟之攸久而先人所虑所恐者，或有□之，岂非后人坐视之过哉。且四十年以后之人，亦无由入谱，则续修之事诚不可辞也。今珺□有是志恐一人不胜其任，愿我同宗各宜勉力，将四十年来未入谱之名字，自相查清世次，写成□□，以便造写入谱。至明年清明节，务期至据城之黄龙　祖茔□成今，若续成，愿从诸父诸兄后同率子弟再造黄龙　祖茔祭扫，岂非美事，愿祝如约，无令中止是□。

十二世孙 万祥 撰

十四世孙庠生逢年书

附录4《冯氏家谱》选录

新修冯氏家谱序

尝思家之有谱，犹国之有史，固所以昭信纪实，承前裕后，亦实以使祖功宗德，箕裘下达于云仍，春露秋霜，享祀不遗于耳鼻。是谱之所关甚重，岂惟是正名定分，别派衍流已哉。如我冯姓，祖居上党，迁籍平定，非无据也。世居州治之西乡大阳泉村，历有年矣。村之东北一里许，地名围岭，有我冯氏老茔一座，内古迹尚存。上有砖砌墓冢一堆，约高六尺余。周围丈许，外镶青石墓志一片，系我先祖冯泰亨墓志。长男冯绍、次男冯原，大德三年已亥岁季月建。东西有两截香亭二座。东亭上截系衢州路总管府事王构先生等诗叙，元贞元年夏四月上休日敬俾刻；下截系先祖冯敏墓志，已巳岁天历二年二月上旬有九日，立石人冯清等，本里系李居敬书。西香亭上截系佛经，下截系先祖冯秀等墓志，大定二十二年十一月二十九日，冯仙墓志，刘德用书。又有石碑一座，一系遗山先生挽冯泰亨字大来诗云："一笛悠然此地闻，住山还忆大冯君。已看引水浇灵药，更约筑亭宿野云。前日褒衣笑皤服，今年宿草即荒坟。东邻谁举游岩例，秋菊寒泉尚可分。"此遗山挽冯大来节副诗也。中统庚申，尝于故候聂元帅家见其笔迹。至元甲午，余过阳泉，节副二孙敬、敏止余宿，问及遗山挽诗。二孙曰：家世沦落，久居田里，初不知遗山为大父曾作挽诗也。余因取板行元集读之，亦无此篇，遂命学士郭凤往访于聂氏，发故藏书箧笥得焉。临摹一本，以予敬、敏，俾刻列之大来节副墓侧。其真本复还于聂氏。元贞元年夏四月上休日，里闬晚进、前国子司业、奉政大夫同知、衢洲路总管府事王构识，平阳、太原等路鹰房知事路壤书，克择本里杨佐，元贞元年孟秋望日，立石人冯敬等，碑阴刻有我先祖益等小谱名目。一碑系天顺壬午科举人，候选直隶新河县知县墓表。阳泉冯处士墓表，举人同郡李应箕撰。

此阳泉冯处士之墓也。处士讳子英，姓冯氏，平定义井都人也。其先世谱迄无可考。高祖泰亨，曾祖平尔，祖道僧，父恕，皆晦迹弗耀。妣李氏生三子。长子玉，次彦，领顺天壬午科乡荐，尹新河，有政绩。处士，其季也，生有美质，不好嬉戏，动止语默，有成人体。稍长即任家事，不及为学，而器识颖异，有过人者。事父母小心愉色，甚得子道。处兄弟和以敬，室无私积。待宗族一以柔逊，不校为先。遇轻佻之徒，恒趋避焉，不与见，见亦不交一言，以是人多畏处士，不敢侮。居尝以勤俭自励，每日必早起，苟非疾病，未尝一日怠。竭力田作，所获倍他人，家日殷富。由是仲兄彦得以一意问学，亲师从友，成就事业，有闻于时，实处士有以相之也。饮食不选珍异，衣履甚粗不以为丑，器用但取俭朴，不肯过为华丽。尝曰：吾每见人家子弟以奢侈败家者，心甚恶之，吾岂可效尤哉？又乐分施。人有急，辄周之，无吝色，虽至于屡亦未尝厌也。夫以处士之德，宜其享遐龄之福也，乃不寿以死何也！处士生于宣德甲寅，卒于成化乙酉，得年仅三十有二，呜呼惜哉！配张氏，贞顺义烈。生二子，长浩甫八岁，次岳甫六岁，而处士亡矣，氏年才二十有七，即以节自守，誓不他适，利诱而势迫之者盈耳，屹不为动。抚育二孤，至于成立。浩为娶郗氏，岳为娶李氏，生孙男六人、曾孙男八人、女子十四人。至处士殡既久，浩痛先德弗扬，无以示后，俾予述其事，刻于墓。呜呼！自圣教之衰也，人率多为诡异奇特之行，以邀名誉，求其实心为善者，尝少焉。是以民伪日滋，风俗日坏，而唐虞三代淳厚之盛邈不可见。今处士黯然自修，所行则皆平常之事耳，初非有心求异于人，以干眩俗。而乡人颂处士者不衰也，使其幼时能济之以学，而天复不靳其年，其成就当不止此。然则予于处士也，安得不重有所感也夫，是故表之，以昭来嗣。嘉靖十八年四月廿八日，孝子冯浩立。碑阴刻有我先祖冯平尔等小谱，将各古记开载于后。我先祖云，世居阳泉，家谱早失，虽有祖名可稽，而历年久远，不知何代宗族。但祖繁坟密，遂迁茔于冯氏老坟之南，不数步椿下小坟地内。村人相传曰：冯姓老坟，冯姓小坟是也。追后我 先祖大禄，迁茔于村西二里许，地名冯家凸。至先祖太运，又迁于村南一里许，地名不老卫。先祖大红，迁茔于村西二里许，地名赵家沟。先祖大青之后，迁茔于村西一里许，地名陀河沟。先祖大文之后，迁于老坟北椿下，地名囲凹。先祖大英之后，迁茔于州治城之南一里许，地名安住垴，却有可据也。乃人以世更，祖以坟分，祭扫者各异其地，命名者又重其讳，匪惟尊卑不识、长幼倒置者所在多有。虽曰户大族繁，实亦家谱不修故也。鉽于嘉庆己未春间，忽耳兴起，先输己财，支费修谱，余因不揣固陋，殚精竭力，毅然从事焉。是举也，或考根柢于墓志，或寻实迹于碑阴，或搜世代于古坵之内，或查辈数于龛图之间，不半年草已成矣。虽其间不无隶籍他乡之祖，但世远年隔，难以周知，则亦惟两相待更而已矣，今果何措乎哉。不独序其本支，有所击属者，悉而次第之。其先讳之遗漏，字意之舛错，前后左右之背谬，然此则不知之过，而非有意之过。上可以告祖先，下可以别后人。自今以后惟愿合族之人，披图而识祖孙父子之伦，阅卷而知伯叔兄弟之等，常切水源木本之念，常存慈孝友恭之情，勿以小故而伤骨肉，勿以微嫌而失亲，此固予修谱之意。复冀后之贤子若孙，永传斯谱，递为补叙，以垂不朽云。

嘉庆四年岁在己未季夏吉旦修理家谱人　世孙冯鉽薰沐谨识

三修家谱序

因旧谱历年久远，卷帙破残，实难展阅，况乃久未经续增，名未登谱者，率多屡屡矣。设再不重新整理一番，恐后之人虽欲续增者，名目更难稽考云。于光绪乙巳岁秋七月，议举族中人笃志溧奋、映魁沼等，置新卷一函，谨将旧谱序，父碑文图考原稿，誊于新卷之首。名未续增者，因效前人，或查于龛图之内，或稽于本家之传，未数月而稽查已备，续诸新卷之后，因名曰，继续前谱。

光绪三十一年　秋七月既望日　谨识

四修家谱序

概闻世间宗派人伦，乃为最要。夙闻国有史记者，而人民亦可有宗谱也。家谱者为合族之要，录由先祖，继续后嗣，相传于后世，以晓宗派之支脉，世识尊卑，可考长幼之分、远近之别、血脉之清、同族之明，以免致误同族结姻、骨肉环抢、人伦错乱，乃为要件。其家谱者，所关重要。如我冯姓者，原籍上党，于元朝时由先祖冯秀，迁居于平定城西十五里区区之域，遂则开辟成乡，名曰大阳泉。祖居于此，历世有年，耕读传家，仕宦巨商，族中殷富。显然祖功宗德，以致光前裕后，流芳百世，名垂千古，嗣后人丁众多，宗派尤广，恐后人伦世派篡乱，承先祖修整家谱遗传于嗣。结前继后，以明宗派，后人举目了然，非无据也。自后明朝时，中断失修，已历七世，尚有未详，诚难考查，嗣后先祖鉽重修家谱，以冯平尔氏拟次继续其世，未考，后于清光绪三十一年，先人映魁等，因见原谱年深破残，重新修整，照旧誊新，继续后世。其时当然以先祖冯平尔氏作始祖拟次继续其世，能考乃以从言字者，为始祖误也。又相隔五世，修纂世派未识，何也？余等意在重新修整，奈因才怀浅薄，难达余之志哉，希待我族后有才子，详细考查，重新修整，代达余志以明世代，显然族中有幸也。惟自清朝时继续，后又历数十秋，久经未续，现有未登谱者，两三世若再失修，后世欲想续增名目，亦难稽考云。于民国甲戌年孟冬之月，议举族中人淮正直、永昌、占魁、竹书、枝书等，跟究清查，谨将二十六世之名，移续于二卷之首，结续首卷之末，继续前谱，续增后世，嗣后可以十年为齐，清查后人登谱继续。希毋失修，幸继祖志遗传永久矣。

中华民国二十三年甲戌孟冬之月中旬望日

世孙正直等谨识

重修世代更正序

忆昔本族宗谱述犹尚欠。古语云：世代有序，尊卑有别，系家国纲常之理然也，而世人之要典也。惟因清嘉庆四年间，有我　先祖讳鉽公，热诚创修家谱，独力为之，劳绩非易，始告成焉。迄于道光三十年，我先人讳三成公等，兴起建修宗祠家庙一所，其捐资工作等事，刻立石碑永垂不朽。乃碑文叙云：是时族中后代相传二十五世矣，惟老家谱年久失修，残破难阅，延至光绪三十一年，族中先人讳映魁公等，复兴重修，继续家谱，仍旧谱原文誊书于新卷，觑其原文，未尽备焉。今查卷文所书世代，与碑文所载之世代，互相考之各异，甚不符合。余等复查于族中龛图之内，继而得之详也，即刻更正，可免后世人之舛错，而疑问焉，其间微有瑕处，非为不力，而因古碑石残迹凋，实难考察耳，谚云中断而已矣。又近考谱卷世图，我始祖讳秀公之后，屡屡有乏嗣者甚众，余以揣察而言之：非然也，或有经商异域、成家立业、越籍他乡，年久无稽者有之，若此论又未尝皆是矣。此因本支派昆仲失察而不增注者之故，又族人怠于稽察而有所遗憾也。希后人勉为修整，再休使复蹈前辙也。

本族二十六世孙

经书、炽昌、御林、永昌、如松、如汉等谨识

中华民国三十四年孟春夏历正月二十五日　谨录

后记

大阳泉村位于阳泉市西南部，是一处非常难得的古村落，具有完整的格局、幽深的小巷、恢宏的晋商堂号、精美的装饰、深厚的历史、著名的历史人物、苍劲的千年古槐等，其保护价值极高。

但是，我们在大阳泉村调研时，被问得最多的问题是："大阳泉村有保护价值吗？"我想，对于这样的宝贵文化遗产，其保护价值是毋庸置疑的。在中华大地上，类似的古村落已经非常少见了。可是，另外一种呼声也甚嚣尘上，认为大阳泉村位于城乡结合部，是典型的"城中村"，最好进行商业开发，代之以高楼大厦，这样，政府可以获得政绩，开发商可以获得经济利益，居民可以改善居住条件。其实，这一问题的关键是长远利益和近期利益的关系。进行建设性破坏，可以获得的是巨大的眼前利益，但毁掉的是本来可以惠及后世的不可再生的宝贵文化遗产。

当然，由于大阳泉村特殊和敏感的地理位置，很难进行完全"原生态"的保护。周边的"灯红酒绿"，无时不在影响着这一古村。这给大阳泉古村的保护带来很大的难度，但同时也带来很大的机遇。我们何不采用另一种保护思路，把大阳泉古村定位为整个阳泉市的"后花园"，一方面使其成为居民重要的旅游和休闲场所；另一方面和文化产业有机结合，促进文化产业的发展。

不管大阳泉村的前途如何，对其进行较为系统的研究是非常必要的，也是非常迫切的。课题组从2007年初开始调查和研究工作，截至2009年底，已经持续了三年。期间由于经费等方面的原因，只能时断时续，但无论何时，我们的目标是确定的，最终得以完成这一著作。由我、谢凌、宋彦、于丽萍、王力恒分别撰写或整理了相关内容，最后由我统一修改定稿。想必书中还会有遗漏、不妥、错误之处，恳请各界学者及广大读者批评指正。

这一过程中，得到各方面的帮助和支持。山西省住房与城乡建设厅厅长王国正、总规划师李锦生等领导对这套丛书给予了高度重视和积极支持。山西省建设厅城建处处长张海同志（原村镇处处长）对本书的定位、框架提出了许多宝贵意见和具体指导。村镇处处长薛明耀、副处长于丽萍同志为了保证调查研究工作的顺利开展做了大量的组织和协调工作。在2007～2009年期间，先后参加大阳泉村调查的硕士研究生和高年级本科生有王力恒、刘婷、荣俞、李志新、谢凌、宋彦等。我的同事刘捷博士于2008年7月，和我一起带领建筑学2005级的45名学生对大阳泉村的历史建筑进行了为期两周的测绘，她还通阅全书，提出许多很好的修改建议。大阳泉村党委书记黄再创、村委原主任郗政相、现主任张军渤对我们的调查研究给予了多方面的支持和帮助。村委分管保护和建设工作的副主任郗祥容同志更是积极配合，尽职尽责，使得我们在大阳泉村的工作进行得非常顺利。姚钰、王晋秀两位老先生提供了大阳泉村部分碑文的初稿。本书的部分工作还得到北京交通大学"红果园双百人才计划"的资助。在此，一并表示衷心的感谢。

令人欣喜的是，2007年底，"大阳泉古村"被确定为阳泉市第三批文物保护单位；2008年，"大阳泉古村落抢救保护工程"被列入"阳泉市百项工程"；2009年，大阳泉村被山西省人民政府公布为"省级历史文化名村"。大阳泉古村的保护越来越受到各方面的重视或关注，我们由衷地感到欣慰。我们也愿继续为大阳泉村的保护发展做些力所能及的事情，也衷心祝愿大阳泉村的文化遗产留存千古，并得到合理的开发利用！

薛林平
北京交通大学建筑与艺术系
2010年1月31日